上海市科学技术委员会2010年重大科普专项(项目编号 10dz2330100)

话说轨道交通

主　编　胡守忠

副主编　鲁　成　周志鹏　田丙强

東華大學出版社

图书在版编目(CIP)数据

话说轨道交通/胡守忠主编. —上海:东华大学出版社,
2013.12
ISBN 978-7-5669-0216-0

Ⅰ.①话… Ⅱ.①胡… Ⅲ.①城市铁路—轨道交通—介绍
Ⅳ.①U239.5

中国版本图书馆 CIP 数据核字(2013)第 005037 号

责任编辑 张 煜
封面设计 李 博

出　　版:东华大学出版社(上海市延安西路 1882 号,200051)
出版社网址:http://www.dhupress.net
天猫旗舰店:http://dhdx.tmall.com
营 销 中 心:021-62193056 62373056 62379558
印　　刷:苏州望电印刷有限公司
开　　本:787 mm×1 092 mm 1/16 印张7.5
字　　数:188 千字
版　　次:2013 年 12 月第 1 版
印　　次:2014 年 6 月第 2 次印刷
书　　号:ISBN 978-7-5669-0216-0/U·001
定　　价:38.00 元

序

轨道交通作为现代城市中快速、便捷、清洁、高效的交通工具，已成为体现一个国家综合国力、城市经济实力、人们生活水平及现代化程度的重要标志。上海城市轨道交通建成于 1993 年 5 月，根据上海城市轨道交通发展远景规划，到 2030 年，上海将形成一个 17 条线、810 公里的超大型运营网络。轨道交通将成为公共交通的“主力”，城市轨道交通日益成为人们出行的主要方式，广大人民群众对轨道交通知识了解的需求也急剧升温。

近年来城市轨道交通一连串重大事故的发生，也表现出乘客因不懂轨道交通运营常识，在地铁服务人员采取应急措施时不听从指挥、不积极配合，造成事故不能及时解决并加重的后果。可见城市轨道交通科技知识的普及工作必须扩大规模、扩大影响力。

基于上海城市轨道交通规模的快速发展以及日益严峻的城市轨道交通安全，为积极落实“科教兴国”战略和提高公众科学文化素质，本书旨在进行城市轨道交通科普知识的普及，使地铁走进公众普通生活，使人们对地铁有一个理性的认识。本书主要介绍了国内外城市轨道交通的发展历史、基本类型；轨道交通系统技术，包括地铁的各种受电模式、原理、现代地铁技术装置、动力能源及节能等，展示现代地铁技术，使与公众生活日益密切的地铁走进公众普通生活，使人们对地铁有一个理性的认识；城市轨道交通乘车安全，展示安全乘坐地铁、文明乘坐地铁知识，使广大乘客在地铁发生事故时，沉着冷静、安全有序地逃离险境；未来城市轨道交通技术及其发展趋势等。

本书是由上海工程技术大学承担的上海市科委 2010 年重大科普项目《城市轨道交通科普教育基地建设》(项目编号 10DZ2330100)研究成果。本书图文并茂，文字简练，通俗易懂。书中穿插了一些经典科普知识点，比如城市轨道交通的历史发展趣事，地铁屏蔽门的节能与安全功能等。同时结合历史上一些重大安全事故来介绍城市轨道交通乘车安全，增强科普知识普及的趣味性。本书可作为广大青少年及科技爱好者的业余读物。

编　者

目　录

CONTENTS

目　录

CONTENTS

1 城市轨道交通历史篇

自 1863 年英国伦敦开通世界上第一条地铁至今，世界上共有 40 多个国家和地区的 127 座城市建设了适合自己需要的轨道交通线路，总长度约 5 500 多公里。人们也逐渐习惯于这种便捷的交通方式。

城市轨道交通的演变历程，就像一座城市发展的缩影，承载着历史，寄托着未来。

1.1 生成期的城市轨道交通

1.1.1 生成期的时代背景

大约在200年前，人类社会开始了城市化历程，城市交通需求的爆增导致城市轨道交通的产生。城市化是人与物、资金、技术、信息等由乡村向城市、由小城镇向大城市、由空间上的平面向某些点聚集的历史过程。生成期城市轨道交通的变革具有时代的爆发性。城市化初期，由工业技术进步所创造的所有先进交通工具基本上是首先用于解决实际交通问题的。当城市化过程发展到一定程度，城市规模扩大到只有利用交通工具才能保证城市经济生活的正常进行时，城市内部交通系统才开始诞生，出现了相应的交通工具并逐渐有所发展(图1.1)。

图1.1　人类的城市化进程促进城市轨道交通的产生

1.1.2 生成期的城市轨道大事件

1828 年在巴黎出现了一种可供 14 人乘坐的单行“公共马车”，随后又演变成马拉轨道车，从而拉开了城市轨道交通发展的序幕。

自从巴黎的马拉轨道车面世后，城市轨道交通得到了初步发展，如 1832 年纽约市建成了第一条马车铁道。当滞后于城市发展的交通工具不能满足城市交通运输的需求，当科学技术的发展为运输工具的变革提供了物质条件，量的积累必然引发质的爆发性变化。轨道交通就在这一历史背景下应运而生，并从此走上了城市发展的历史舞台，逐渐担当起城市公共交通中的主要角色(图 1.2～图 1.4)。

图 1.2 早期的马拉轨道车

图 1.3　早期的马拉轨道车

图 1.4　直到 1860 年，马拉轨道车才在英国主要城市出现

1.1.3 生成期城市轨道交通的特点

受历史条件和物质技术条件的限制，生成期的城市轨道交通具有以下主要特点：

① 轨道交通设计简单，技术装备水平低。

生成期的城市轨道交通建立在传统交通工具马车的基础上，其动力为畜力，运行路线固定在轨道上。

② 轨道交通在城市交通中所占份额有限。

在生成期，城市内部交通虽然开始爆发，但主要是通过私人交通工具来解决。同时，由于公共交通工具收费较昂贵，普通市民往往难以承受，例如在1850年，巴黎、伦敦公共交通工具的乘客主要是中产阶级和上层人士。

1.2 成长期的城市轨道交通

1.2.1 成长期的时代背景

工业革命以后，许多城市将城市交通的重点开始从城市的外部交通逐渐转移到城市内部轨道交通上来，先进的交通工具也随即从外部交通转到内部交通中来。例如，伦敦、巴黎、纽约、东京和柏林都曾把部分市际铁路改造为市郊铁路，甚至把蒸汽牵引方式也一度引入城市内部交通之中。在城市内部交通的含义中，关于城市轨道交通的成份比例也越来越大。这一过程是与城市化的步伐紧密相连的。城市化要求城市交通系统的规模与其发展的规模相适应。随着城市化进程的加快和城市规模的扩大，除了要保证城市内部人员的正常出行需要，并发展相应的城市客运交通工具以外，交通工具的规模，即承运能力必须与城市化本身发展的规模相适应。成长期的城市轨道交通系统已相当完备,在城市交通中所占的比重越来越大。进入成长期后,国外城市内部交通系统迅速发展,各国在很短时间里就把由工业革命带来的技术进步用到了城市交通系统中来,尤其是市内交通部分。在交通工具的更新与改造方面,更是不遗余力。

1.2.2 成长期的城市轨道大事件

19 世纪的英国,经过了工业革命的洗礼,俨然已成为“世界的工厂”,到了 19 世纪中期,随着蒸汽机车的普遍使用(图 1.5),各大城市之间的铁路基本铺好,从全国各地通向伦敦的火车轨道一直铺到了城市的边缘,伦敦人可以轻松到达英国各地。但当时大多数伦敦市民不必经常往返于各个城市,而伦敦市内的主要交通工具还是马车,出租马车价格非常昂贵。

图 1.5 詹姆斯 · 瓦特及其改良的蒸汽机

从 1800 年到 1831 年间,伦敦经历了每个大城市发展的必经之路,城市人口从不足 100 万上升到 175 万,城市化相当快,几乎翻了一番。城市中心布满了密密麻麻的房屋,街道狭窄不堪,相对富裕的伦敦居民开始向较远的郊区搬迁居住,工作时间再回到伦敦市中心。但从伦敦的边缘并没有直接通向市中心的便捷道路,高峰时间出租马车形成拥堵,交通成了伦敦的一大难题。伦敦市于是组织了交通委员会向所有人征集解决交通问题的方案。一位名叫查尔斯·皮尔森的律师提出了一个修建“伦敦中央火车站”的设想，但是这个设想涉及了大规模的拆迁，被议会否定了；不过议会随后同意由一群承包商提出的要在伦敦修建一条地下道路的提案。不久，这两个提案被结合起来，形成了我们今天所熟悉的地铁的概念：在地下通行的火车。在修建这条世界上谁也没见过的地下铁路之前，伦敦各大报章对它的未来进行过各种各样负面的猜测：比如地道会不会塌下来，旅客会不会被火车喷出的浓烟毒死等。谁也无法想象这样的火车能开进地下密闭的空间。

当时的地道掘进方法在今天看来相当笨拙，工人们先从地面向下挖掘一条大约 10 米宽 6 米深的壕沟，用砖加固沟壁，再搭成拱型的砖顶，然后将土回填，在地面上重建道路和房屋，工程不仅繁琐而且耗资巨大。为了把蒸汽机车排出的浓烟引出地下，建好的隧道还要钻出通风孔。当时的人们就是用这种看似简单的办法解决了一难以克服的困难，把火车这个地面上的庞然大物挪到了地下世界(图 1.6)。

图 1.6　大都会铁路修建场景

1862 年，4.8 公里长，7 个停靠站的地下铁道基本完工了。蒸汽车头开进了地下，大约 40 名官员乘坐在没有顶棚的木制车厢里对地铁进行了第一次巡游。这个场面也被记录在了贝克街壁画上：车厢类似大型的煤矿运煤车，绅士淑女们的肩膀以上的部分全部暴露在外，每到一站，人们脱帽欢呼，以表达喜悦之情。这样一个新兴事物大大缓解了伦敦的交通压力，使位于伦敦市郊的富人赶往市区更加方便，同时也方便了市区的交通，很快获得了伦敦市民的青睐。从 1863 年第一条地铁获得成功开始，尝到地铁甜头的伦敦人开始考虑修建第二条地铁了。同年，有一位叫做约翰·福乐的工程师提出伦敦地铁建设应该从直线向环线发展。四年以后，环线地铁投入建设，1884 年完工。现代地铁设计经常采用的环线雏形就来自于此（图 1.7～1.9）。

图 1.7　1869 年伦敦地下铁路的泰晤士隧道开通

图 1.8　1872 年工人在大都会铁路中的工作场景

图 1.9　1870 年的伦敦塔地铁(Tower Subway)内景

1879 年 5 月 31 日，在德国柏林举办的世界贸易博览会上，西门子和哈尔斯克公司展出了世界上第一条电气化铁路。这条铁路长只有 300 米，在上面运行的电力机车只有 954 公斤，最高运行时速达 13 公里，看起来好像现在的电动玩具。但在其拖车上，确实能够搭载数名乘客，在 4 个月的展览期间共运送 8 万多名乘客。这被认为是世界电气化铁路的先驱(图 1.10)。

图 1.10　1879 年西门子展示的第一条电气化铁路

1881 年，西门子和哈尔斯克公司又在柏林近郊的利希特菲尔德车站和军事学院之间修建了一条长 2 145 米的电车线路，同年又在法国巴黎国际电工展览会上展出了第一条长 500 米的由 2 条架空导线供电的电车线路，这就为提高电压、采用大功率牵引电动机创造了条件。这种电车形式的电气化铁路的出现，引起了西欧、美国和日本的极大兴趣，在接下来的一段时间，英国、瑞典、美国、日本、德国、意大利也都纷纷兴建了各自的电气化铁路。早期的电气化铁路大都采用低压直流和三相交流供电，主要应用在市内交通、近郊线路和工矿线路上。随着工业的发展，电气化铁路也开始发展到城市间的干线铁路上来。但是由于科学技术发展水平的制约，交流传动系统在电气化铁路的机车牵引中并没有占主导地位，但是人们对交流传动的追求和探索一直没有停止。

此后，有轨电车一直作为城市公共交通的主要手段。到第一次世界大战前夕，世界上至少有 12 个城市修建了地铁，它们分别是：伦敦(1863 年)，纽约(1868 年)，伊斯坦布尔(1875 年)，布达佩斯(1897 年)，格拉斯哥(1897 年)，威尼斯(1898 年)，巴黎(1900 年)，波士顿(1901 年)，柏林(1902 年)，费城(1907 年)，汉堡(1912 年)，布宜诺斯艾力斯(1913 年)。轨道交通伴随着城市公共交通的产生而生成，它从一开始就以大众运输作为主要服务对象，并逐步成为城市公共交通结构中不可缺少的组成部分。这种运行方式适应了城市化后城市客流对公共交通变化的需要。城市轨道交通的发展作为城市公共交通系统的主体，从一定程度上讲飞速发展是历史的一种必然趋势(图 1.11、1.12)。

图 1.11　一张描绘伦敦中央地铁(现在的伦敦地铁的 Central line 线)明信片

图 1.12 匈牙利布达佩斯地下电力铁路

1.2.3 成长期城市轨道交通的特点

城市化的发展必然对城市轨道交通的发展提出各种新的要求。

在硬件方面,先进技术的采用主要表现为城市轨道交通运输工具的更新与完善。以工业革命驱动的城市化进程及现代城市的诞生,促使了人与物针对城市空间运动流量的迅速扩大及在城市内部流量积沉量的增大。与城市经济功能及经济结构的完善,城市规模的扩大及人与物在城市内部空间运动流量的增加相对应,城市公共交通系统得到了迅速地发展与完善。交通运输工具迅速由传统化向现代化进化。而轨道交通及公共交通系统的快速发展和日臻完善，反过来又极大地推动了城市化进程和现代城市社会与经济功能的进一步强化。

在软件方面，先进技术的采用主要表现在城市规划与城市交通布局及轨道交通网络的发展开始以先进的设计思想为指导。例如，西班牙工程师索里亚·玛塔（Soria Ymata）在马德里的城市改建方案中，就对轨道交通在城市规划中的系统布置提出了较为科学的看法。他的“线状城市”方案认为城市的外形应采用线状，同时轨道交通应以地下、地面和高架相结合的方式进行规划、建设。

1.3 成熟期的城市轨道交通

1.3.1 成熟期的时代背景

第二次世界大战以后，世界各国的经济进入了一个新的发展期。在二战前城市化水平比较高的国家，在战争后又迅速进入城市化发展比较成熟的阶段。由城市化发展与城市交通发展的紧密关系所决定，轨道交通发展也进入了成熟期。由工业革命推动的城市化，在一些发达国家经过近一个世纪的加速发展后，先后于 20 世纪 70 年代进入稳定期。一个方面是城市经济的进一步发展，并最终把城市化发展推向了成熟阶段；另一个方面则是城市交通本身的进一步发展，使其不仅在满足城市对内与对外交通需求方面得到了进一步满足，而且在交通系统及运输手段革新方面也有了极大的发展和完善，从而保证了城市轨道交通的发展在一些发达城市进入了成熟期。

随着汽车工业的迅速发展，西方国家的私人小汽车数量急剧增长，大量的汽车涌上街头，城市道路面积明显不够用，于是导致世界上各大城市都纷纷拆除有轨电车线路。但汽车数量的过度增长使城市交通又出现了新的问题:交通堵塞,行车速度下降,空气污染和噪声严重,在闹市区甚至连停车也很难找到适当地方。到 20 世纪 60 年代初,西方一些人口密集的大城市,除考虑修建地下铁道外,又重新把注意力转移到地面轨道交通的方式上来(图 1.13)。

图 1.13　1953 年洛杉矶的 Venice Boulevard 和 La Cienega Boulevard 路口交通堵塞

1.3.2　成熟期的城市轨道大事件

1978 年 3 月,国际公共交通联合会(UITP)在比利时首都布鲁塞尔召开会议,会上确定了新型有轨电车交通的统一名称,英文为 Light Rail Transit,简称"轻轨",英文缩写 LRT。这里需要说明的

是，在我国，根据我国《城市快速轨道交通工程项目建设标准(试行本)》，用轻轨来命名中运量的地铁(包括地面和高架铁路)，而欧洲所说的“轻轨”，一般是特制现代有轨电车交通。为了与欧洲的定义兼容，所以我们提出轻轨分为两类——准地铁与新型有轨电车。准地铁与地铁的不同之处在于运量和轴重较小，曲线半径较小以及“最大坡度”较大。此外并无多大区别，因此这里不再赘述。

20 世纪 70 年代以来，现代有轨电车在世界各地发展很快，欧、美等经济发达国家已有 60 多座城市修建了有轨电车线路。如法国的第一条现代化有轨电车线路，于 1984 年在南特市建成通车，线路长度 10.16 公里，共设 22 座车站，车辆采用两端设司机室的六轴单铰接式电动客车，每辆车满载定员 276 人，单向高峰小时的客运能力为9 000～18 000 人次(图 1.14)。

图 1.14　法国南特市地上有轨电车

1.3.3 成熟期城市轨道交通系统的特点

成熟期城市轨道交通系统的结构已较为完善，在公共交通中的主导作用日益显著。其主要交通工具包括地下铁道、轻轨、高架独轨、市郊铁路、新交通系统、有轨电车、索道缆车等（图 1.15～图 1.17）。

图 1.15　意大利米兰市有轨电车

处于成熟期高级阶段的轨道交通主要具有以下基本特征：

（1）城市交通体系不再单一，更注重公交协调合作的作用，强调大小公交的衔接和一体化，大容量快速轨道交通与传统汽、电车地面交通两大类运输方式形成全方位、立体化、多层次的格局。

图 1.16 加拿大阿尔伯塔省埃德蒙顿市的轻轨列车

图 1.17 以色列耶路撒冷有轨电车

(2) 随着城市化发展速度变慢，人与物向城市空间运动的加速度也变慢，导致人与物的空间运动量在城市中积沉量的增加量逐渐减少，空间运动规模不再扩大，这样，城市内部轨道交通的压力将得到一定程度的缓解；但是由于城市分解和过度市郊化造成的市郊轨道交通问题开始逐渐突出。

(3) 城市轨道交通的发展使得人们对城市交通的地位重新认识，使其从为城市居住、劳动、休息等功能服务的附属性地位上升到与居住、劳动、休息同等重要的主要功能地位，并体现在城市规划与城市建设之中。

(4) 城市轨道交通的发展不再以满足数量上的需求为主要功能定位，而是转向以质量上的改进作为新的功能定位，从而使城市轨道向安全、快速、舒适、便利和捷运方向转变。这将促使城市按主要交通轴线呈带状分布的形成，使城市化进入一个新阶段，促使城市文明的进一步扩散；还会促使城市人口向城市四周地区移动，形成人口在城市中的均匀分布及城市功能和经济结构的优化调整。

1.4 走向可持续发展的城市轨道交通

轨道交通是解决城市交通问题的最优途径。城市轨道交通在城市客运中的地位自其诞生之日起，就一直得到了持续发展，在城市内部交通中处于主导地位。“可持续发展”理论使得人类越来越清醒地认识到：人口、资源和环境是当代人类生存和发展的三大基本问题，单纯的经济富裕不等于幸福，经济的“持续发展”必须兼顾长远的利益，经济社会发达必须和生态环境的保护相统一。

地铁电动车辆的最高运行速度一般为 70～100 公里/小时，平均运行速度为 35～50 公里/小时，每隔 1～2 分钟即可发出一列地铁车辆。地铁单向载客量每小时约为 3～6 万人，双向每日平均载客

量 30～60 万人，多的可达 100 万人，是解决大城市地面交通堵塞现象的重要手段，还能在很大程度上减轻城市污染。现代地铁电动车辆除重轨地铁外，还有功率较小的轻轨地铁和橡皮轮胎地铁车辆。后者为了能在隧道中准确定向运行，转向架上设有特殊的导向轮，这种车的特点是噪声低。此外，性能卓越的交流电动机驱动的地铁动车已经在欧洲一些地区获得推广。新型大功率电力电子器件的开发，直线电动机及微机的应用，新材料和新工艺的采用，都将使地铁车辆发生巨大的创新和变革(图 1.18)。

图 1.18　莫斯科地铁是世界上最繁忙的地铁系统之一

城市轨道交通具有运能大、占地少、节省能源和环境污染小的优点，这是其他交通工具无法比拟的。如今，新经济、社会发展方式的要求和各种高新技术的突破，引发了世界范围内的一场以调整旧运输结构和发展模式为主旋律的交通运输革命，这一新的交通运输发展趋势，对世界各国的经济和社会发展将产生巨大的影响，而轨道运输已经成为调整传统运输结构的着眼点，以轨道交通为主的城市公共交通系统，是发达国家和一些发展中国家的共同选择。为此，世界各国正积极采取行动，在"可持续发展"的思想指导下，为建立立体公共交通系统而努力。总之，确立以轨道交通为重点的交通运输发展战略，是像我国这样的发展中国家城市交通发展的理性选择。只有大力发展城市轨道交通运输，才能真正解决发展中国家的城市交通运输问题，这将对发展中国家的经济发展起至关重要的作用。

图 1.19　巴黎地铁 1 号线 MP 89 型列车，整条线实现自动运营

2 城市轨道技术篇

发展城市轨道交通是解决大城市交通问题的主要手段。轨道交通建设从规划、设计、施工到运营，涉及建筑业、制造业以及管理的所有领域。城市轨道交通技术的发展，不仅可以推动建筑业、制造业的发展，更可带动城市的发展。

未来二十年，我国的城市轨道交通建设将处于规模空前的发展期，掌握先进的轨道技术，从而制定科学合理、适合中国国情的城市轨道交通技术发展战略，引导其健康有序的发展，意义非常重大。

2.1 轨道列车的供电技术

目前轨道交通列车车辆的供电方式主要有两种，即"第三轨（或称第三轨，Third rail）供电"和"架空接触网供电"（Overhead contact system）。

2.1.1 第三轨供电（或称第三轨）

以地面轨道交通为主的国家铁路（如京沪电气化铁路），多采用柔性架空接触网。而地下和高架轨道交通可采用柔性、刚性接触网，也可采用第三轨系统，就是在两条钢轨的外侧，再建一条钢铝复合轨，由它将直流电能可靠地传送给电力牵引机车。第三轨系统目前正作为一种地下铁路与高架铁路的重要供电接触网方式，受到越来越广泛的重视，得到广泛应用（图 2.1）。

图 2.1　台北捷运系统所使用的轨道供电设备（图中浅色轨道即第三轨）

第三轨技术为德国工程师 Siemems 于 1879 年在柏林工业博览会上第一次展出。其运行原理是沿着路轨铺设一条特殊的轻型钢条，形状与钢轨相似，截面的形状亦为“工”字形，但体积要比钢轨小许多，称为“受流轨”，输入 600 伏、750 伏、1 000 伏直流电作为牵引动力。列车运行时靠车辆底部的集电靴(Contact Shoe)接触受流轨而传导电力。由于第三轨系统是 1 500 伏直流供电，变电所也就随之由单纯供交流电，变为交流电、直流电双供，一路输出 1 500 伏直流电源给供电轨通电，提供牵引动力，另一路输出 0.4 千伏的交流电源，为区间照明及事故维修电源箱提供电源，成为交直流联动的混合变电所。变电所的机电设备也随之复杂化，安装要求也随之大大提高(图 2.2)。

图 2.2　列车集电靴与第三轨接触从而获取电能

第三轨系统的优势：第三轨系统可降低隧道上方空间、节省投资，具有供电线路维修工作量少、架设不影响周围的景观等优点。具体说来，就是第三轨系统采用高导电性的钢铝复合接触轨，因此可以不用额外敷设沿线的馈电电缆；单位电阻小，可降低牵引网电能损耗，从而有效地节约运营成本；重量轻，易于调整，接触轨之间采用接板机械连接,不需要现场焊接,因此安装简便;复合材料制成的接触轨支架具有低维护、耐腐蚀的特点,可以有效降低生命周期成本;安装位置在走行钢轨旁边,对铁路周围景观影响较小;钢铝复合轨与电力机车集电靴之间的接触面为不锈钢层,因此使用寿命长。

第三轨系统的劣势:从技术角度来讲,由于集电靴在高速之下难以准确地抓紧带电轨,故采用第三轨供电的线路速度不能太高。理论上来讲,采用轨道供电系统的列车的时速上限是160公里。广州地铁四号线采用直线电机车辆,最高运行速度为90公里/小时,旅行速度不小于53公里/小时。最高速度达128公里/小时的第三轨牵引供电系统为美国旧金山的BART(湾区快轨),其供电电压为直流1 000伏。此外还存在第三轨的电流流失情况,由于带电轨道接近地面,虽然安装了整体绝缘支架,但是和架空接触网供电相比较仍会有较多的电流流失到地面,造成杂散电流的增多。还有第三轨的缝隙问题,在道岔处,第三轨必须留下空隙以容许其他路轨穿越其间。一般来说,列车拥有多于一个取流靴,所以空隙不会构成什么问题。但在某些情况下,列车仍有可能因为全部的取流靴都在空隙之中,无法取得电力而不能行动。当然这是在设计阶段各专业需要沟通解决的。

从运营角度来看,存在的安全隐患如下:

① 在设备抢修时,因为第三轨靠近抢修现场,而停电进行作业不太现实,若在施工过程中,工具如果误碰第三轨,就可能造成人员伤亡、财产损失的恶性事件。总之采用第三轨供电后,在线路上进行的设备维护、施工、保养等作业,必须在第三轨停电的情况下方可进行。特别是运营时间内的设备抢修,对于行车组织非常麻烦,停电不合实际,不停电又存在一定的安全隐患。

② 对于运营其他部门来讲,备用车司机、车辆检修人员进出折返线,因接触轨就在旁边,存在触电的可能性;当远动遥控线岔无法

实现，需要站务人员手摇道岔接发列车时，因不可能停电，所以也存在触电可能性；

③ 大风、雨雪天气，乘客的雨伞等金属物品吹落轨道，因为金属短路，造成跳闸（武汉发生过一次乘客雨伞触碰第三轨）等事件；而且对于乘客跳轨、物品落入轨道等事件，处理起来也相对较麻烦，当然安装屏蔽门的线路就不会存在此现象。

第三轨系统的应用：德国在1978年建成了世界上第一段钢铝复合轨，运行长度3.3公里。1996年后，美国、日本、意大利、马来西亚、泰国等国家都开始应用，至今世界上已建成钢铝复合接触轨运营线路1 000多公里，遍布欧洲、美洲、大洋洲、亚洲。25年的实践证明，它无论在工艺还是在运营业绩上，都是非常成熟的。目前在我国的城市轨道交通工程中，除武汉轻轨使用第三轨系统并投入运营外，北京地铁五号线、四号线，广州轨道交通四号线、五号线及天津地铁一号线均采用钢铝复合接触轨。除隔离开关设备外，广州轨道交通四号线采用的第三轨系统部件全部实现了国产化，如钢铝复合轨、绝缘支架、防护罩等（图2.3）。

图2.3 使用第三轨供电的巴黎地铁

2.1.2 架空接触网供电

架空接触网悬挂方式通常分为两种，一种为柔性悬挂，一种为刚性悬挂（图 2.4）。

图 2.4 1895 年美国巴尔的摩运输线上行驶的电力机车采用架空接触网供电

柔性悬挂接触网供电是在轨道上方架设软质高压导线，输入 1 500伏直流电作为牵引动力。列车运行时靠车辆顶部的受电弓传导电力，如上海轨道交通 3 号线、9 号线就是这一类（图 2.5、2.6）。

图 2.5 上海轨道交通 3 号线悬挂电网

图 2.6 上海轨道交通 3 号线列车的集电弓

刚性悬挂是以硬质的金属条(通常是铜条)代替软质导线的新型悬挂方式。随着材料科学和结构力学的发展,刚性悬挂利用了第三轨供电接触面积大的优点,克服了钢轨过重无法悬挂的缺点。城市轨道交通从地下线路开到地上线路时,直接与柔性悬挂的线路无缝对接,不用更换机车。同时,由于刚性悬挂使用集电弓,没有使用集电靴的第三轨容易脱落的缺点,可以达到更高的运行速度。刚性悬挂应用于地铁隧道,不仅减小隧道净空,而且其汇流排载流面积大,接触线耐磨性好,寿命长;因无张力架设,不会发生断线事故,可靠性优于柔性悬挂,减少了维修工作量(图 2.7)。

图 2.7　日本大阪地铁的刚性悬挂系统(照片：Tennen-Gas)

发电厂电力传输到铁道系统便压站后，电压或电流会降至适合列车使用的值，由第三轨或架空电网传送给列车。列车由集电弓或集电靴取得电源，经过电力系统传导至马达。再由钢轮传导至钢轨流回变压站，最后返回发电厂成为一完整的回路。因此，人在使用第三轨供电和接触网供电的轨道系统隧道中活动，都会有触电的危险。尤其是使用第三轨供电的地铁系统中，由于第三轨负荷了高压电流，一旦人与其接触，就会有生命危险。因此如果个人财物不慎落入轨道，乘客千万不要擅自跳下站台，而应该主动与工作人员联系以寻求帮助。若地铁站内遇到火险或爆炸，乘客也不要擅自从隧道逃生，以免发生意外。另外，无论是第三轨还是架空电网，如果触碰到其他杂物，都会造成电力系统短时停电，影响轨道交通的正常运营。因此像气球这种脱手后难以控制的物体，不应当出现在地铁车站之中。

图 2.8 东京地铁的架空电网

架空接触网虽然安全系数高，但技术含量大，铺设难度大，费用高昂。因此，目前已有的城市轨道交通中，第三轨供电占有很大的比重。另外，一个城市在建设地铁或轻轨时采用何种接触网制式，往往受到已建线路形式的影响。如地铁发展较早的城市伦敦、巴黎、纽约、北京等都采用了三轨授电系统，其后基本沿用了该方式。而上海、广州地铁都采用了架空接触网，后续线路也就延续了架空接触网的形式。这不仅在系统的一致性、扩展性、运营维护方面有实际意义，也易于列车配件的替换。

2.2 地铁车辆技术

地铁车辆是城市轨道交通系统的重要组成部分，也是技术含量较高的机电设备。地铁车辆应具有先进性、可靠性和实用性，应满足容量大、安全、快速、美观和节能的要求。地铁车辆有动车（M，Motor）和拖车（T，Trailer）、带司机室车和不带司机室车等多种形式。动车本身带有动力牵引装置，拖车本身无动力牵引装置；动车又分为带有受电弓的动车和不带受电弓的动车。

地铁车辆在运营时一般采用动拖结合、固定编组，形成电动列车组。一列地铁车辆通常由6～10辆电动车和拖车组成。前者简称动车。牵引电动机装在动车下的转向架上。一般地铁车辆采用两台两轴转向架。动车的每一根轴上各装有一台功率约为100～150千瓦的直流牵引电动机，即每辆动车由四台牵引电动机驱动。为了运行灵活机动，整列地铁车辆也可全部由动车组成。动车与拖车均能载客，每辆车额定载客量约为180～340人。车长约18～23米、宽约2.5～3.6米、高约4.1米。各车辆之间大多有门直接贯通，最前面的首车前端多数也有门，危急时可以打开。司机通过首车中的司机室控制设备，对整列车辆进行多机重联驾驶。随着卫星城镇的发展，地铁车辆还可驶出隧道，在地面轨道或高架轨道上运行，成为大城市和城郊联运的基本快速交通工具。

一般地铁车辆由以下七部分组成：

（1）车体：车体是容纳乘客和司机驾驶（对于有司机室的车辆）的地方，又是安装与连接其他设备和部件的基础。一般有底架、端墙、侧墙及车顶等。

（2）动力转向架和非动力转向架：动力转向架和非动力转向架装置位于车体和轨道之间，用来牵引和引导车辆沿着轨道行驶，承受与传递来自车体及线路的各种载荷并缓冲其动力作用，是保证车辆运行品质的关键部位。一般由构架、弹簧悬挂装置、轮对轴箱装置和制动装置等组成（图2.9）。

图 2.9 日本京阪 5000 系列列车转向架

（3）牵引缓冲连接装置：车辆编组成列安全运行必须借助于连接装置。为了改善列车纵向平稳性，一般在车钩的后部装设缓冲装置，以缓和列车的冲动。

（4）制动装置：制动装置是保证列车安全运行所不可少的装置。城市轨道车辆制动装置除常规的空气制动装置外，还有再生制动、电阻制动和磁轨制动等（图 2.10、图 2.11）。

图 2.10 采用摩擦制动列车转向架上的制动盘（图中未涂装部分）

图 2.11　安装在德国 ICE-3 型列车上的涡流轨道制动器(磁轨制动方式)

(5) 受流装置:从接触导线(接触网)或导电轨(第三轨)将电流引入动车的装置称为受流装置或受流器。受流装置按其受流方式可分为以下几种形式即杆形受流器;弓形受流器;侧面受流器;轨道式受流器;受电弓受流器。

(6) 车辆内部设备:车辆内部设备包括服务于乘客的车体内的固定附属装置和服务于车辆运行的设备装置。属于前者的有车电、通风、取暖、空调、座椅、拉手等。服务于车辆运行的设备装置大多吊挂于车底架,如蓄电池箱、继电器箱、主控制箱、电动空气压缩机组、总风缸、电源变压器、各种电气开关和接触器箱等。

(7) 车辆电气系统:车辆电气包括车辆上的各种电气设备及其控制电路。按其作用和功能可分为主电路系统、辅助电路系统和控制电路系统三个部分(图 2.12)。

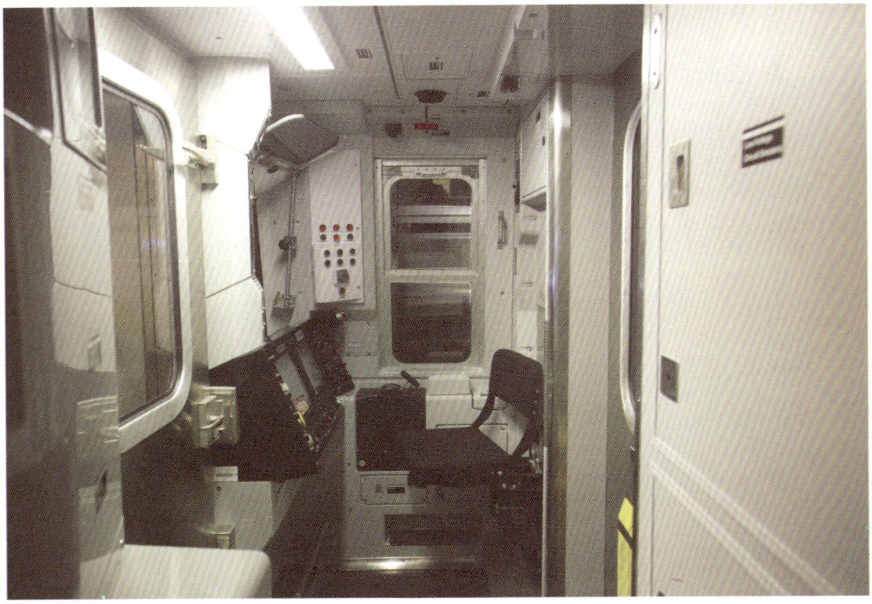

图 2.12 纽约地铁 R160B 系列列车的驾驶室

2.3 地铁车型 ABC

按照国际标准，城市轨道交通车辆类型可分为 A、B、C 三种。三种车型的主要区分是车体宽度不同。A 型车宽 3 米，B 型车宽 2.8 米，C 型车宽 2.6 米（注：是普通的侧面垂直的列车，不是鼓型车）。长度可以靠改变编组来随时变化，高度差别不大（因为人的身高都差不多），所以这些都不是车型的参考标准。只有宽度最重要，而且一旦成型就无法再改变，因此是区分车型的唯一标准。

国铁也一样存在界限，这个界限和轨距是相关的，我国国铁车宽一般是 3 米，铁路界限最多可以兼容 3 米 4 也就是可以兼容到新干线的水平（3 380 毫米）。如果超过界限，就可能刮蹭行车设备造成事故。我国国铁因为和地铁概念被严格区分，所以他们主要面向长途，所以虽然容积大但定员远远小于地铁。

车辆长度跟 ABC 类型有点关系，是因为类别高，线路标准相对稍高，此时车辆增长也是可以的。对比一下，A 类一般在 21～24

米;B 类 19～21 米;C 类 15～19 米。有时候,ABC 类的定义经常会失效,所以不必强求。

A 型地铁列车:长 22.8 米,宽 3 米,代表车型是上海地铁 1、2、3 号线列车。

B 型地铁列车:长 19 米,宽 2.8 米,代表车型是北京、天津地铁宽体车(实际上是鼓型,是利用既有限界条件下的加宽车体,应该算作准 B 型车)。

C 型地铁列车:长 19 米,宽 2.6 米,代表车型是上海地铁 5、6 号线列车。

表 2.1　城市轨道交通技术等级表

	Ⅰ级	Ⅱ级	Ⅲ级	Ⅳ级	Ⅴ级
系统类型	高运量地铁	大运量地铁	中运量轻轨	次中运量轻轨	低运量轻轨
适用车辆类型	A 型车	B 型车	C-Ⅰ、Ⅲ型车	C-Ⅱ型车	现代有轨电车
最大客运量(单向小时人次)	4.5～7.5 万	3.0～5.5 万	1.0～3.0 万	0.8～2.5 万	0.6～1.0 万
线路形态	隧道为主	隧道为主	地面或高架	地面为主	地面
路用情况	专用	专用	专用	隔离或少量混用	混用为主
平均站距(米)	800～1 500	800～1 200	600～1 000	600～1 000	600～800
站台长度(米)	200	200	120	<100	<60
站台高低	高	高	高	低(高)	低
车辆宽度(米)	3.0	2.8	2.6	2.6	2.6
车辆定员(站 6 人/平方米)	310	240	220	220	104～202
最大轴重(吨)	16	14	11	10	9
最大时速(公里/小时)	80～100	80	80	70	45～60
平均运行速度(公里/小时)	34～40	32～40	30～40	25～35	15～25
轨距(毫米)	1 435	1 435	1 435	1 435	1 435
额定电压(伏)	DC1500	DC1500	DC750	DC750(600)	DC750(600)
受电方式	架空线/第三轨	架空线/第三轨	架空线/第三轨	架空线	架空线
列车自动保护	有	有	有	有/无	无
列车运行方式	(ATC)司机驾驶	(ATC)司机驾驶	ATO/司机驾驶	司机驾驶	司机驾驶
行车控制技术	ATC	ATC	ATP/ATS	ATP/ATS	ATS/CTC
列车最多车辆编组	6～8	6～8	4～6	2～4	2
列车最小行车间隔	120 秒	120 秒	120 秒	150 秒	300 秒

2.4 地铁供电系统

一列地铁车辆通常由6～10辆电动车和拖车组成。电动车简称动车，牵引电动机装在动车下的转向架上。一般地铁车辆采用两台两轴转向架。动车的每一根轴上各装有一台功率约为100～150千瓦的直流牵引电动机，即每辆动车由四台牵引电动机驱动。为了运行灵活机动，整列地铁车辆也可全部由动车组成。动车与拖车均能载客，每辆车额定载客量约为180～340人。车长约18～23米、宽约2.5～3.6米、高约4.1米。各车辆之间大多有门直接贯通，最前面的首车前端多数有门，危急时可以打开。司机通过首车的司机室控制设备，对整列车辆进行多机重联驾驶。

驱动地铁车辆的电能来自牵引变电所，并经隧道顶部的接触网或路轨侧面的第三轨，送到动车上面或侧面的受流器。第三轨由高电导率的特殊钢轨连成，离地不高，可减少隧道高度。地铁接触网电压(或第三轨)有直流750伏和1 500伏等规格。中国北京地铁车辆全部为动车，采用第三轨，电压为750伏；上海地铁采用架空接触网，电压为1 500伏。

地铁车辆内的电工设备除直流牵引电动机外，还有电压调节装置、司机控制装置、电气制动装置、保护电器、辅助低压电源系统等。传统的电压调节装置是变阻控制器。由于在频繁的起动过程中电阻上的电能损耗大，同时引起隧道中温度的逐年上升，因此近代的地铁电压调节装置已逐步改用直流斩波器。直流斩波器是由可关断晶闸管(GTO)等电力电子器件构成的开关器件，可以调节电压。地铁动车的电气制动，除用电阻外，在车流密度相当高时，还采用再生制动，这时牵引电动机改接为发电机，把车辆的动能转变为电能反馈回电网，供给其他牵引运行中的地铁车辆使用。

由于地铁电动车辆运行于地下隧道中，客流量多，车速高，行车密度大，列车严格按事先规定的运行图运行，所以万一出现设备故障或灾害，影响很大。世界各国根据地铁运行的长期经验，对机电设备和车辆提出了很多严格的要求，如对设备材料要求具有难燃、低毒、低烟、低发热量的性能；车上设备不但要求可靠性高，而且还设有电工设备的短路、过载、超温、欠电压、再生制动过电压、防雷、漏电、轮对空转和滑行等保护。在运行安全性方面，一般都设有列车自动控制系统（简称 ATC），它利用车下的信号系统将轨道线路分割成很多闭塞区段，当列车在某区段中运行时，对其后面的各区段都规定了其他列车进入时的限制速度，任何列车若高于此限制速度驶入该区段时，该车上的 ATC 系统即起作用，能自动降低车速，确保行车安全（图 2.13、图 2.14）。

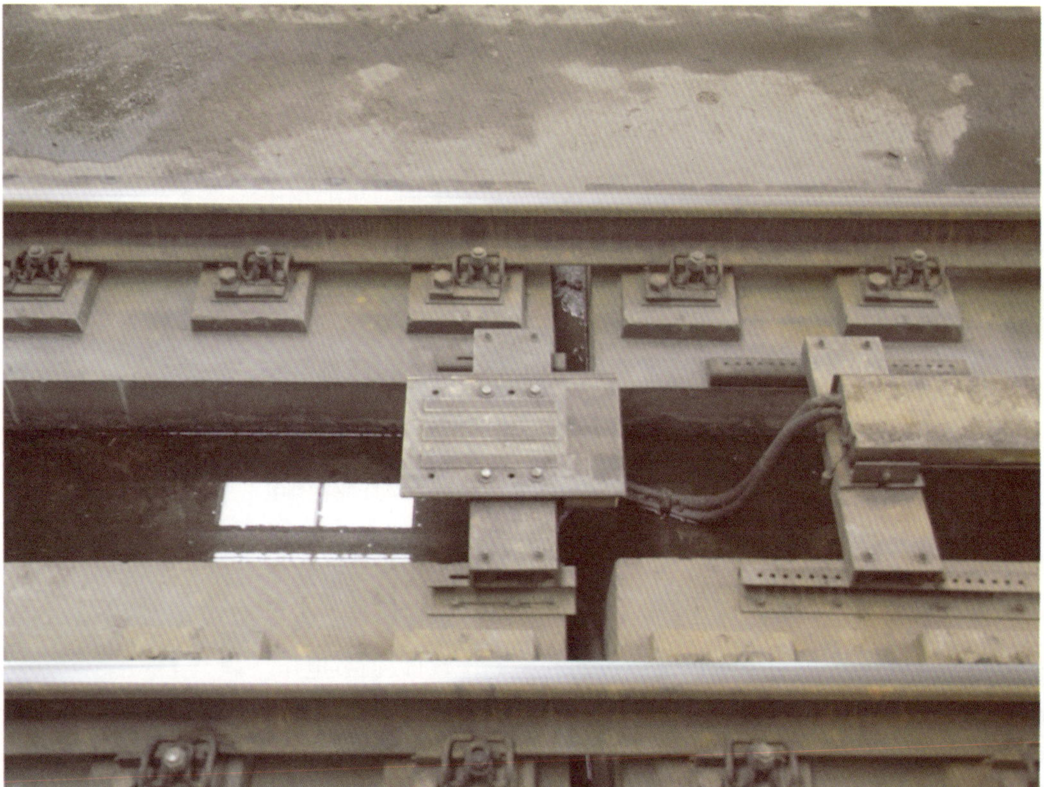

图 2.13　安装在轨道一侧的信号装置

图 2. 14　地铁信号装置

2.5　地铁通信

地铁通信是构成地铁各部门之间有机联系、实现运输集中统一指挥、行车调度自动化、列车运行自动化、提高运输效率的必备工具与手段。

地铁通信按其用途来分，可分为地区自动通信、地铁专用通信、有限广播、闭路电视、无线通信以及子母钟报时系统、会议系统、传真及计算机通信系统；按信息传输的媒介可分为有线通信和无线通信，有线通信又可分为光缆和电缆通信。地铁通信是既能传输语言，又能传输文字、数据、图像等各种信息的综合数字通信网。

地铁信号设备：信号设备的主要作用是保证行车的安全和提高

线路的通过能力，包括信号装置、联锁装置、闭塞装置等。信号装置是指示列车运行条件的信号及附属设备；联锁装置是保证在车站范围内，行车和调车安全及提高通过能力的设备；闭塞装置是保证在区间内行车安全及提高通过能力的设备(见图 2.15)。

图 2.15　日本铁路信号设备

在车站上，铺设有许多条线路，线路之间用道岔联结。列车在车站内运行的路径，叫做进路。进路由道岔位置决定。进路要有信号机防护，道岔位置不对，或者进路上有车，防护此条进路的信号机就不能开放，从而保证列车的运行安全。道岔、进路和信号三者之间相互制约、相互依存的关系称为联锁。实现联锁的设备叫做联锁设备。把许多道岔、进路和信号机用电气方法集中控制和监督，并实现它们联锁的设备，叫做电气集中设备。由车站向区间发车时必须确定区间内无车，还要防止两个车站在同一线路上向同区间发车。这种按照一定的方法组织列车在区间内的运行，一般称为行车闭塞，用来联络的设备称为闭塞设备。常用的闭塞设备有自动闭塞、半自动闭塞及电气路签闭塞等。地铁采用自动闭塞设备(图2.16)。

图 2.16　芝加哥地铁线路道岔

2.6　地铁环境控制与车站设备

为了保证地铁安全正常运行，应在地铁内设置环境控制设备和各类必需的车站辅助设备，包括通风、空调、给排水、消防、自动扶梯、直升电梯、动力、照明、旅客引导等系统设备。现代化程度较高的地铁还配置了自动售检票系统、车站设备自控系统、屏蔽门等(图2.17～图2.20)。

图 2. 17　东京地铁站台通风设施

图 2. 18　米兰地铁内的自动售票机

图 2. 19　上海轨道交通 2 号线屏蔽门

图 2. 20　米兰地铁进出站闸机

给排水系统用来提供地铁运营中生产、生活和消防用水，收集并排除地下渗透水和生产、生活产生的废水、污水。地铁给水系统的水源一般取自城市自来水。

地铁消防系统分中央和车站两级。中央级的主要功能是：监视全线消防设备状态；火灾时，指挥全线消防抢险活动；控制全线有关消防设备的运行。车站级的主要功能是：监视车站消防设备运行情况，接受各类报警信息；控制车站及相邻区间内消防设备的动作，实施灭火活动；与中央级间进行必要的信息传输（图 2.21～图 2.24）。

图 2.21　上海轨道交通 2 号线站内自动喷淋装置

图 2.22　上海地铁 2 号线车厢内装配的灭火器

图 2.23　上海地铁 2 号线虹桥火车站站候车厅地面上的路标指示灯

图 2.24　米兰地铁站内消防设施

3 城市轨道机车篇

城市轨道交通种类繁多，技术指标差异较大，世界各国评价标准不一，由于城市轨道交通在世界范围内发展较快，地区、国家、城市的不同，服务对象的不同等，使城市轨道交通发展成为多种类型。

城市轨道交通按运能范围、车辆类型及主要技术特征可分为有轨电车、地下铁道、轻轨交通、市郊铁路、单轨交通、新交通系统、磁悬浮交通七类。

3.1 有轨电车

有轨电车是使用电车牵引、轻轨导向、1～3 辆编组运行在城市路面线路上的低运量轨道交通系统。

有轨电车是最早发展的城市轨道交通之一，一般设在城市中心穿街走巷运行，具有上下车方便的特点。有轨电车起源于城市公共马车，为了多载客，人们把马车放在铁轨上。随着电动机的发明和牵引电力网的出现，世界上有轨电车线路开始运营(图 3.1、图 3.2)。

图 3.1　法国旧式有轨电车(约 1897 年)

图 3.2　香港有轨电车

旧式的有轨电车单向运输能力一般在 1 万人次/小时以下，通常采用地面路线，与其他车辆混合运行，运行速度一般在 10～20 公里/小时之间。旧式有轨电车由于运能、挤占道路、噪声等问题，在 20 世纪五六十年代世界上各大城市纷纷拆除有轨电车线路，改建运量大的地铁或轻轨道交通。我国有轨电车在 20 世纪 50 年代末已拆得所剩无几，仅大连、长春两城市保留。大连还对有轨电车进行了改造，使其成为城市的一张名片。

3.2 轻轨交通

轻轨是在有轨电车的基础上改造发展起来的城市轨道交通系统。轻轨是反应在轨道上的荷载相对于铁路和地铁的荷载较轻的一种交通系统。轻轨是一种使用电力牵引、介于标准有轨电车和快运交通系统（包括地铁和城市铁路），用于城市旅客运输的轨道交通系统。

最初的轻铁系统在 19 世纪中期出现，当时的车厢由马匹拉动。至 1880 年间，才开始有电动的轻铁系统出现。当时兴建系统一般只有单节的车辆，称为电车。其时道路网络不及现在发达，而且道路的质量不太好，所以电车非常受欢迎。在公共汽车转为由引擎发动前，电车是唯一的实用公共交通工具。当时亦有较长途的轻铁系统，北美洲地区便有一种叫跨市线的轻铁系统。在加拿大安大略省，这种系统称为放射状铁路。到了 1950 年代以后，道路交通开始普及，轻铁系统陆续被拆卸。现在虽然仍有少量的传统轻铁系统（例如香港的电车系统），但轻铁这个名词已被用来形容一种稍为不同的系统。由 1980 年代开始，一些城市开始重新引入轻铁系统，但这些系统在运作上已经比较接近是在地面运行的城市轨道交通系统。这些新系统的设备较现代化，以及使用多节的列车。部分路段亦会以高架的形式兴建。现在轻铁系统再次为世界多个城市专用（图 3.3）。无论是传统还是新式的轻铁系统，都比公共汽车干净、安静、舒适、容量大。

图 3.3 美国明尼苏达州轻轨

由于轨道交通在技术上比较成熟，各种形式轨道交通彼此借鉴，在我国《城市轨道交通工程项目建设标准》(试行本)中对地铁和轻轨做出了具体的定义。我们把每小时单向客流量在 3～8 万人次/小时的轨道交通定义为大运量轨道交通系统，即地铁。把每小时单向客流量为 0.6～3 万人次的轨道交通定义为中运量轨道交通，即轻轨。最明显的例子就是津滨轻轨，从运用技术来说，它是按照地铁标准建造的线路，但是它又同时具备小编组、大站距等轻轨特点。

3.3 地下铁道

地下铁道简称地铁，是城市快速轨道交通的先驱。地铁是由电力牵引、轮轨导向、轴重相对较重、具有一定规模运量、按运行图行车、车辆编组运行在地下隧道内，或根据城市的具体条件，运行在地面或高架线路上的快速轨道交通系统。

图 3.4　意大利罗马地下铁路

地下铁道 1863 年产生于英国伦敦，最初由蒸汽机驱动，1890 年开通了第一条电力驱动的地下铁道。时至今日，地下铁道已遍及世界各大城市。地下铁道由于大部分线路在地下或高架通行，因此技术水平要求较高，可靠性和安全性要求也高。地铁系统与国家干线铁路一样，主要由线网、轨道、车站、车辆、通信信号等设备构成，要求各部门能够有机结合，协同动作，最大限度地完成输送任务。随着城市规模的扩大与延伸，地铁线路延伸到市郊时，为了降低工程造价，一般都爬出地面，采用高架或地面行驶，地下铁道的概念逐渐向外延伸。

地铁的运能，单向在 3 万人次/小时，最高可达 6～8 万人次/小时。最高速度可达 90 公里/小时，旅行速度可达 40 公里/小时以上，可 4～10 辆编组，车辆运行最小间隔可低于 1.5 分钟。驱动方式有直流电机、交流电机、直线电机等。地铁造价昂贵，每公里投资在 3～6 亿元人民币。地铁有建设成本高，建设周期长的弊端，但同时又具有运量大、建设快、安全、准时、节省能源、不污染环境、节省城市用地的优点。地铁适用于出行距离较长、客运量需求大的城市中心区域。一般认为，人口超过百万的大城市就应该考虑修建地铁。

3.4 市郊铁路

市郊铁路，指的是建在城市内部或内外结合部，线路设施与干线铁路基本相同，服务对象以城市公共交通客流，即短途、通勤旅客为主。

城市铁路通常是分成城市快速铁路和市郊铁路两部分。城市快速铁路是指运营在城市中心，包括近郊城市化地区的轨道系统，其线路采用电气化，与地面交通多采用立体交叉。市郊铁路是指建在城市郊区，把市区与郊区，尤其是与远郊联系起来的铁路。市郊铁路一般和干线铁路设有联络线，设备与干线铁路相同，线路大多建在地面，部分建在地下或高架。其运行特点接近于干线铁路，只是服务对象不同(图 3.5)。

图 3.5　JR 东日本铁道山手线是一条著名的通勤铁路

市郊铁路是城市铁路的主要形式。市郊铁路是伴随着城市规模的扩大、卫星城的建设而发展起来的，通常使用电力牵引和内燃牵引，列车编组多在4～10辆，最高速度可达100～120公里/小时。市郊铁路运能与地铁相同，但由于站距较地铁长，运行速度超过地铁，可达80公里/小时以上。

3.5 单轨交通

单轨又称独轨，是指通过单一轨道梁支撑车厢并提供导引作用而运行的轨道交通系统，其最大特点是车体比承载轨道要宽。根据支撑方式的不同，单轨通常分为跨座式和悬挂式两种：跨座式是车辆跨座在轨道梁上行驶(图3.6)；悬挂式是车辆悬挂在轨道梁下方行驶(图3.7)。

图3.6 跨座式单轨交通：东京单轨铁路羽田机场线

图 3.7 悬挂式单轨铁路：日本“SAFEGE”型湘南单轨铁路

单轨是采用一条大断面轨道并全部为高架线路的轨道交通。跨座式轨道由预应力混凝土制作，车辆运行时走行轮在轨道上平面滚动，导向轮在轨道侧面滚动导向。悬挂式轨道大多由箱形断面钢梁制作，车辆运行时走形轮沿轨道走形面滚动，导向轮沿轨道导向面滚动导向。单轨的车辆采用橡胶轮，电气牵引，最高速度可达 80 公里/小时，旅行速度 30～35 公里/小时，列车可 4～6 辆编组，单向运送能力为 1～2.5 万人次/小时。

1821 年英国人 P. H. Dalmer 开发了单轨铁路。1888 年，法国人在爱尔兰铺设了约 15 公里的跨座式单轨铁路(图 3.8)，采用蒸汽机车牵引，从此有动力的单轨走向实用化阶段，但因为车厢摇摆、噪声大等原因，1942 年这条线路停止运营。1893 年，德国人 Langen 发明了悬挂式单轨车辆，1901 年在伍珀塔尔开始运营，线路长 13.3 公里，其中 10 公里跨河架设，成为利用街道上空建设独轨铁路的先驱(图 3.9)。这条线路至今仍在使用,成为该市的一个历史景观。随着科学技术的进步,单轨技术日臻成熟,轨道、车辆和通信信号都有了很大发展。日本建成多条单轨系统,是使用单轨最多的国家。

图 3.8　由法国人 Charle Larligue 设计的跨坐式单轨铁路线(1888 年)

图 3.9　伍珀塔尔悬挂式单轨铁路(1901 年)

与轮轨比，单轨有很多突出的优点。由于单轨客车的走行轮采用特制的橡胶车轮，所以振动和噪声大为减少；两侧装有导向轮和稳定轮，控制列车转弯，运行稳定可靠。高架单轨因轨道梁仅为85厘米宽，不需要很大空间，可适应复杂地形的要求。

3.6 新交通系统

新交通系统，广义上认为，是那些所有现代化新型公共交通方式的总称。狭义上新交通系统则定义为：由电气牵引，具有特殊导向、操作和转向方式胶轮车辆，单车或数辆编组运行在专用轨道梁上的中小运量轨道运输系统。

在新交通系统中车辆在线路上可无人驾驶自动运行，车站无人管理，完全由中央控制室的计算机集中控制，自动化水平高。新交通系统与独轨道交通有许多相同之处，最大的区别在于该系统除有走行轨外，还设有导向轨，故新交通系统也称为自动导轨道交通。新交通系统的导向系统可分为中央导向方式和侧面导向方式，每种方式又可分为单用型和两用型。所谓单用型是指车辆只能在导轨上运行，两用型则指车辆既可在导轨上运行，又可以在一般道路上行驶。

新交通系统最早出现在美国，当初多为一种穿梭式往返运输乘客的短距离交通工具，曾被称为“水平电梯”或称为“空中巴士”“快速交通”。新交通系统自1963年美国西屋电气公司研发面世后（图3.10），在世界许多地方被逐渐推广采用，尤以日本和法国无论是技术还是规模都处于领先的地位（图3.11）。目前，世界各地已有几十条规模不等，用途不同，具体构造也有所不同的新交通系统线路。日本有10条线路，日本将高架独轨和新交通系统看做现代化的象征，故从1976年起做出规定，新交通系统可使用国家的财政资助，因而促进了新交通系统的发展。

图 3. 10　美国佛罗里达州坦帕国际机场旅客捷运系统，1963 年，由美国西屋电气公司（Westing house Electric Corporation）设计，是世界上最早的自动导轨运输系统

图 3. 11　法国 VAL 全自动化城市捷运系统

目前，我国内地的新交通系统目前处在起步阶段，天津市于2007年在滨海新区开通了全长7.6公里的亚洲首条胶轮导轨线路，北京市于2008年奥运会前开通了服务于首都机场T3航站楼的新交通系统，上海市也于2009年开通了胶轮导轨电车。我国香港20世纪90年代后期建设的新机场从登机厅到机场主楼，为接运旅客也建成了一条长约1公里采用VAL制式的新交通系统。

3.7 磁悬浮交通

磁悬浮交通是一种非轮轨黏着传动，悬浮于地面的交通运输系统。磁悬浮列车是利用常导磁铁或超导磁铁产生的吸力或斥力使车辆浮起，用以上的复合技术产生导向力，用直线电机产生牵引动力，使其成为高速、安全、舒适、节能、环保、维护简单、占地少的新一代交通运输工具。

自1922年德国人赫尔曼·肯佩尔(Hermann Kemper)提出了电磁悬浮原理，并在1934年获得世界上第一项有关磁悬浮技术的专利，到现在已有八十多年的历史。而磁悬浮技术的真正发展始于20世纪70年代，以德国为代表的常导磁悬浮技术和以日本为代表的低温超导磁悬浮技术比较成熟，接近或达到商业运营要求。历史上1984年在英国伯明翰开通了速度为54公里/小时、长度为620米的商业运营线。2003年，中国上海开通了速度为430公里/小时、路线长度30公里的商业运营示范线。(图3.12)

2005年3月，日本名古屋东部丘陵线开始商业运营，大量世博会期间的宾客通过干线铁路经由名古屋东部丘陵线到达世博园区(图3.13)。虽然磁悬浮交通的发展取得了很大成绩，但目前还是新生的交通系统，从原理、结构、系统配置、运营组织以至商业运作上还有很多不完善的地方。

图 3. 12　上海磁悬浮列车

图 3. 13　日本爱知高速交通东部丘陵线

4　城市轨道世界篇

4.1 伦敦地铁

1863年1月10日,历史之轨以英国伦敦为起始站,首发通往世界黑暗角落的地铁,第一天的乘客总数达到40 000人,预示着人们的心理空间对“地下”本就无从抗拒。在战争期间,该地铁系统自成一格,担负过指挥中心、工厂、避难所以及绝密通道的功用,维护了战时国家安全和政府正常运作。

在经历近150年的发展后,地铁系统成为主构伦敦城市的隐秘躯干与实在主体:400多公里营运里程,每日数百万乘客,同时伴随地下城的兴盛及其周边公共建筑与设施的完善。更有意味的是,伦敦的幽暗地下空间与内化的艺术紧密缠绕:从1908年英国工业设计协会会长弗兰克·匹克领导艺术家们在伦敦地下举行大规模的海报运动起,伦敦的地下世界自觉充当着艺术界的先锋角色。1931年亨利·贝克利用电子线路图知识设计的一张伦敦地铁地图在很多年后仍然被全世界的地铁系统效仿,成为举世公认的标志物(图4.1)。地下空间业已成为伦敦历史、时代的特殊名片,亦是城市人口交流、融合的场所。

伦敦地铁目前有12条线路,总长416公里,共274个运作中的车站,覆盖了整个大伦敦地区。伦敦地铁线网规划的一个重要特点是共线运营,即不同的线路在一定的区间内共用轨道。伦敦地铁是伦敦的城市轨道交通系统。在伦敦市中心内,地铁车辆大部分是在地底运行的,而在郊区则在地面运行。伦敦地铁在英语中常被昵称为The Tube(管子),名称来源于车辆在像管道一样的圆形隧道里穿行(图4.2)。

图 4.1　亨利·贝克利用电子线路图知识设计的伦敦地铁地图

图 4.2　伦敦地铁

4.2 纽约地铁

建于1904年的纽约地铁是世界上最长的地铁，也是市内最便捷的交通方式，连接着曼哈顿(Manharttan)、昆斯(Queens)、布鲁克林(Brooklyn)、布朗克斯(Bronx)四个区。它的线路达37条之多，被称之为世上最复杂的地铁，全长416公里，堪称世界第一(图4.3、图4.4)。

图4.3 纽约地铁车辆

纽约目前地铁拥有27条线路，全长443.2公里，设有504座车站，站间平均距离0.8公里，纽约地铁24小试运营，全年无休，每日客运量510万人次，每年接近20亿人次；地铁运量占纽约市全部公共交通系统运量的 70%。纽约地铁已经有百年历史，尽管设施陈旧，有些脏乱，但吸人眼球的是方便快捷，它覆盖面广，准点守时，价格低廉，深受百姓欢迎。纽约中心商业区绝大多数上班族采用这种经济、高效的流动方式。纽约的地下空间开发强调功能为主，商业区依托于地铁，行政区或居住区则是地上地下空间互动互补的关系。其中，地下步行道系统因四通八达不受气候影响，使得人、车分流，实现地铁与公共汽车的快速接驳。而地铁车站与大型公共活动中心能够获得集束串联。典型的洛克菲勒中心地下步行道系统，就在 10 个街区范围内，实现了将主要大型公共建筑在地下连接起来的宏景。除了交通基建外，纽约地下空间还实现供水系统的突破：将之完全布置在地下岩层中，石方量 130 万立方米，混凝土 54 万立方米，除一条长 22 公里，直径 7.5 米的输水隧道外，还有几组控制和分配用的大型地下洞室，每一级都是一项空间布置上复杂的大型岩石工程。

图 4.4 纽约地铁车厢内部环境

纽约地铁的车种有快车(Express)和区间车(Locals)两种,快车全日营运,只停大站;区间车则每站都停。纽约地铁的一个特点是拥有不是每站都停的快车。上车后若有广播要注意收听,因为有时候班车会作调度,中途两车种会有互换的情形,尤其是在进出曼哈顿地区时最常见。

4.3 墨西哥地铁

墨西哥城是拉美第一个修建地铁的都市,它的地铁如今是拉美规模最大、最现代化的地铁网络。墨城地铁目前有 11 条线路全长 202 公里,有近 200 个车站。

墨城地铁的第一个特点是,站口遍布全城,10 条线路有近 200 个车站。一张地铁图在手,只要弄清是哪条地铁线,站名叫什么,一般不会迷路;第二个特点是票价非常便宜,由于地铁的各条线路相互交叉,只要不出车站,买一张票可以坐 100 多公里。此外,虽然墨城地铁站内装修相对简单,但站内文化氛围很强,不仅饰有各种雕塑或壁画,一些靠近市中心的站内还经常举办各种文化展览等(图 4.5、4.6)。

图 4.5 墨西哥地铁站内的装饰壁画

图 4.6　墨西哥地铁车厢内的站名标识

在墨城地铁站里等车时，常能闻到一股胶皮烧糊的味道。初来乍到的人大概会惊讶：哪来的糊味，不会有什么危险吧？其实，这不过是车轮子的味道。这是墨城地铁特点之一，其他国家大多数采用钢轮，而墨西哥城用的竟是橡胶轮胎。究其原因是因为，墨城处于海拔 2 259 米的高原谷地中，又坐落在已经消失的古代湖床上，地质结构复杂；此外，四面环山的市区，地势忽高忽低，橡胶车轮在这种条件下行驶得更平稳，提速和刹车也更灵敏，而且噪音小得多。不过橡胶轮子会产生很高热量，与轨道摩擦就会产生糊味（图 4.7）。

图 4.7　墨西哥地铁胶轮列车

4.4 巴黎地铁

巴黎是一个繁华的国际化大都市，它的繁华不仅体现在地上，也体现在地下。在巴黎乘坐过地铁的人都不会忘记，它方便快捷、四通八达。无论是到郊外还是到市区，乘坐地铁都非常方便。毫无疑问，地铁是巴黎地下一道最亮丽的风景线。巴黎市区目前有线路16条，全长215公里，有384个地铁站，市内几乎所有地区的乘客徒步5分钟均可到达最近的地铁站，列车最小运行间隔95秒。因而，巴黎地铁被称为全世界最密集、最方便的城市轨道交通系统之一。对于巴黎人来说，地铁作为主要的交通工具，已经成为他们的一种生活方式。

巴黎地铁是世界上层次最多的地铁，它连地面大厅在内共有6层(一般只有2～3层)，地铁建筑精致美观，其行车、管理等都实现了电脑化，控制系统技术非常先进(图4.8、4.9)。

图4.8　巴黎地铁3号线先进的信号灯设备

图 4.9 巴黎地铁 1 号线控制中心

巴黎是从诺曼时代的地下石块堆垒起来的城市——这座地表上最摩登的城市反转自地下石料，直至今天同样如此。因深受博览会的青眼，促使巴黎地下空间获得了长足的发展。巴黎首条地铁随 1900 年世博会而启用。之后，意图改变地下空间给人造成的压抑，有关巴黎地铁空间的特殊设计美学、造型和象征艺术又纷纭而起。目前，300 公里长的隧道和数个已经弃用的采石场构成了这个城市热闹街道外表下的内脏——如今的地下隧道和各种各样的洞穴都由几百年前的采石场改造而成，并且地下世界的最深处还建立了很多墓穴，以纪念 18 世纪法国大革命和巴黎公社起义期间牺牲的将士。

在巴黎的列 · 阿莱地区，曾经作为食品交易和批发中心的功能衰退后，它最终成为大型地下空间综合体：建成的综合体分为四层，地铁、城郊铁路、公交换乘站、车库、商店、步道、游泳池等都被有序归置于地下，形成一个总面积超过 20 万平方米的地下城，成为世界上最成功的旧城改造范例。而最为著名的地下与地上空间的肌体互渗可能要数贝聿铭对卢浮宫的扩建：利用宫殿建筑包围的拿破仑广场下的地下空间容纳全部扩建内容。广场正中和两侧设置了 4 个大小不等的金字塔形玻璃天窗，剧场、餐厅、商场、文物仓库、一般仓库和停车场等设施全被有序地安排其下。

巴黎地铁也是世界上最浪漫的地铁，巴黎地铁以其入口被装饰成新艺术风格闻名于世（图 4.10）。巴黎地铁站展示给是一种更为年轻与活跃的氛围（图 4.11）。在巴黎许多地铁站的进出口处，都能发现各种各样五颜六色的涂鸦作品（图 4.12）。

图 4.10　赫克托・吉玛德(Hector Guimard)设计的巴黎地铁出入口，是典型的新艺术风格建筑

图 4. 11　2002 年 7 月在巴黎地铁站的走廊里一支乐队在演奏

图 4. 12　巴黎地铁 12 号线阿贝斯车站通道内的涂鸦作品。1970 年，该站被列入国家一级古迹

4.5 东京地铁

东京是全亚洲与日本最早有地下铁路线开通的城市。目前共有13条路线，214个车站，路线总长292.2公里，每日平均运量将近800万人次，发达程度居世界前五名。

狭小国土促使日本始终致力于延展空间的不饱和性，最终铺筑526公里的地下城。1930年，东京上野火车站地下步行通道两侧设置"地下街"。如今其现有地下街的业态模式，也已从纯商业性转向为有交通、商业及其他设施共同组成多功能的城市综合体。对于日本国民来说，地下空间与日常息息相关：进出地下街的人数达1 200万/日，占国民总数的1/9。

城市地下管道综合走廊，又被为"共同沟"，是指将设置在地面、地下或架空的各类公用类管线集中容纳于一体，并留有供检修人员行走通道的隧道结构。日本是世界上兴建地下共同沟数量居于前列的国家之一。1981年末，日本共同沟总长156.6公里，到21世纪，则达到526公里。近年来，新建的横滨港湾21世纪及其旧城区的名古屋，以及札幌城市中心区都实施了地下空间的规划、利用。日本也比较重视地下空间的环境设计，无论是商业街还是步行道在空气质量、照明乃至建筑小品的设计上均达到了地面空间的环境质量（图4.13）。日本阪神地震的防灾抗灾经验说明，即使受到强烈的台风、地震等灾害，城市各种管线设施由于设置在共同沟内，因而也就可以避免过去由于电线杆折断、倾倒、电线折断而造成的二次灾害。发生火灾时，由于不存在架空电线，有利于灭火活动迅速进行，将灾害控制在最小范围内，从而有效增强城市的防灾抗灾能力（图4.14）。

图 4.13　东京地铁车站内部半封闭屏蔽门

图 4.14　东京地铁银座线银座站共同沟

东京的地铁久负盛名，成为东京的一种标志，东京的公共交通是全世界公认最发达的，可以将你送到每个角落。东京地铁是全世界运载负荷最大的地铁(图 4.15)。在高峰时期，有专门的服务人员负责把乘客推进车厢。站台上标出了车门开启的位置，以便乘客们排队候车。早高峰时，个别车厢只有妇女和儿童才能乘坐(图 4.16)。

图 4. 15　高峰时段的东京地铁新宿站

图 4. 16　日本的女性专用列车

4.6 莫斯科地铁

莫斯科地铁共长 184 公里,居世界第 5 位,但载客量居世界首位,全年客运量超过 25 亿人次。莫斯科地铁车次之多是北京地铁无法相比的:平均一分半钟一班。莫斯科地铁最大的特点是高度的匀速运动。进站时没有减速度,起动时没有加速度——呼啸奔来,轰轰驰去,一派排山倒海的气势。这种没有速度转换、节奏过渡的突兀,列车进出站时,总伴着心惊肉跳的不安。莫斯科城建在几个高低不平的缓坡上,整个城市像一个辐射形的大蜘蛛网。莫斯科地铁循着地势而建,由一条环线、九条支线交织而成。莫斯科庞大的地铁交通网遍布全城 98%的地区。除民用地铁外,莫斯科还有鲜为人知的专用地铁,也称政府地铁。它是莫斯科城下秘密战略交通线和设施网络的一部分。乘坐莫斯科地铁能够真正领略“四通八达”的含义(图 4.17)。

图 4.17 莫斯科地铁胜利公园站,世界上最长的自动扶梯

置身于莫斯科地铁，有时会忘掉它作为交通设施的功能，而是沉醉于它的美学环境，在享受便利的交通优越性的同时，还是一个地下艺术宫殿。莫斯科地铁的文化内涵不只在于它是苏维埃政权的展示品。莫斯科地铁中的雕塑、壁画与地面上的城市雕塑构成公共环境中的公共艺术，某种意义上它标志着这座艺术氛围浓厚的俄罗斯都城的风貌与品位。不潜入地层深处，人们就不会有这样的发现：莫斯科人良好的文化生活质量，不仅来自于林林总总的剧院、音乐厅和博物馆，而且来自于地铁——这座金碧辉煌的地下"造型艺术博物馆地上，莫斯科有座著名的"普希金造型艺术博物馆"，它的藏品丰富——从古埃及的木乃伊、壁画、雕塑，到现代派大师梵高、莫奈等人的绘画。地下，莫斯科的地铁堪称世界实用建筑艺术中的奇葩。每个车站四面用大理石砌成，各自都有不同的设计、有各种雕像(图 4.18、图 4.19)。

图 4.18(1)　富丽堂皇的莫斯科地铁车站通道

图 4. 18(2)　富丽堂皇的莫斯科地铁车站通道

图 4. 19　莫斯科地铁共青团站

4.7 香港地铁

香港地铁目前全长 168.1 公里，由 9 条市区线共 80 个车站组成。香港地铁现代化设备和管理十分完善，在经营上已取得了良好的社会和经济效益。目前世界上绝大多数地铁要靠政府资助，而香港地铁是世界上最具商业价值的地铁之一。

香港地铁曾是两大轨道交通系统之一，自 1979 年起为乘客提供市区列车服务，并在 2007 年 12 月 2 日的两铁合并中，和九广铁路合并成港铁，自此，它发展成为一个有 7 条路线，全长 91.0 公里的铁路系统网络，包括超过 129.1 公里长的隧道所组成，共有 53 个车站。媒体灯箱、平面广告、mtr-shops（地铁商店）使得香港的地下空间的基建功能正向外延伸成为现代社会的消费空间，使得香港地下空间系统生发着新形态，成为具规模、流动、网状地下城的雏形。并通过承担双重使命的乘客与游人，使地铁系统呈现纷繁的语义——枢纽、通道、商场、“街”以及风景。此外，生活场景是地下空间的另一重立面：地铁站被喻为美术馆（图 4.20）。

香港有世界上独有的迪斯尼专列。投资二十亿港元兴建的世界首列迪士尼专线列车，于 2005 年 4 月 25 日在香港地铁欣澳站举行开幕仪式。迪士尼专列共四节车箱，车窗设计为米老鼠头形状，车厢外部点缀金色彩带以及奇妙星粉图案。专列将往返于欣澳站与迪士尼站之间。该列车由地铁公司与迪士尼的幻想工程师携手设计，希望带领游客从现实世界进入迪士尼奇妙世界。乘上通往迪士尼乐园的专列时，每个游客就已经感受到迪士尼元素了。米奇头像的窗户，米奇头像的吊环，每节车厢的中间还摆设有米奇和米妮的铜像。出了地铁站，旁边就是迪士尼，因此可以说，方便的交通也是促成香港迪士尼吸引游客的一个重要因素（图 4.21）。

图 4.20　自动扶梯旁边的装饰墙

图 4.21　香港地铁迪斯尼专线月台闸门

4.8 上海地铁

上海地铁目前有 12 条线，运营里程达 410 多公里，是目前中国线路最长的城市轨道交通系统。未来五年，上海地铁仍将保持较快建设发展速度，新建里程将超过 200 公里(图 4.22)。

图 4.22　上海地铁 2 号线站内的防爆桶及吉祥物

上海地铁吉祥物“畅畅”，形象为来自未来的名为畅畅小机器人，寓意欢畅、畅通和畅想。畅畅的名字包含了三种寓意：欢畅、畅通和畅想。据介绍，畅畅的头盔象征科技与速度，体现上海地铁的现代化和科技化。头盔上的地铁标志，体现了吉祥物的身份。面罩以地铁驾驶室为原形，代表运营的概念，同时也有“引领”的寓意。微笑的眼睛体现上海地铁的亲切、热情，寓意上海地铁的微笑服务和运载温馨。扬起的双臂和伸开的双手象征着地铁作为上海重要的交通工具，以热忱的服务欢迎国内外的乘客。脚上的车轮寓意地铁的科技与快速。

地铁部门表示，“畅畅”是一个来自未来，以红、白、蓝为主色调

的小机器人，寓意“欢畅、畅通、畅想”，既体现上海地铁给城市和生活带来的快乐，也反映了地铁遍布城市的密集网络和畅通无阻的发展态势，并象征其以无限的可能迎接多元化的未来。今后，“畅畅”的卡通形象将以图片、动画等多种形式出现在地铁车站和移动电视上，以人们喜闻乐见的方式提示市民文明乘车、安全防范。

4.9 世界城市地铁标志

“地铁”在全球大多数国家中都叫做“metros”（只有很少一部分国家的地铁叫做 subway，underground，U-Bahn，T-bana 或者其他），大多数地铁都会把 LOGO 标志设置在入口，或者印在车厢，路线图和车票上。所以地铁的标志多少都和“metros”中的“m”有关。

我们看到世界各国的地铁 LOGO 有各种各样的设计。大多以字母“M”和地铁横切面为原型来设计。一些城市里，LOGO 代表着整个地铁系统；而另一些城市里，LOGO 只代表某一条线路或者负责某一线路的公司。所以有些城市的地铁只有一个 LOGO，比如德国，意大利，西班牙；而有些城市里的地铁 LOGO 有很多个，比如俄罗斯。德国的地铁 LOGO 是一个蓝色的 U，意大利则是红色的 M，而西班牙是红色的 C。在俄罗斯，地铁 LOGO 大多使用代表莫斯科 Moscow 的红色斜体 M。

地铁做为城市的重要的交通工具，每天运载着不同的人到达城市的某一角落。地铁标志作为城市地铁的形象和符号，出现城市每个角落。其实本身代表就是城市的特色，城市精神的物化，同时也是城市实力的一种展示。以一期反映城市地铁的标志设计从侧面来展示城市不同地域，不同文化。

阿姆斯特丹　安卡拉　雅典　雅典　雅典

亚特兰大	巴库	巴尔的摩	曼谷	巴塞罗那
巴塞罗那	北京	贝洛奥里藏特	柏林	柏林
毕尔巴鄂	波士顿	巴西利亚	布鲁塞尔	布加勒斯特
布达佩斯	布达佩斯线	布宜诺斯艾利斯	克利夫兰	巴比禄
釜山	开罗	加拉加斯	芝加哥	芝加哥
卡塔尼亚	哥本哈根	哥本哈根	大邱	达拉斯
德里	第聂伯罗彼得罗夫斯克	多特蒙德	都伯林	伊斯法罕
福特莱萨	福冈	格拉斯哥	瓜达拉哈拉	广州
光州	海法	光州	汉堡	赫尔辛基
广岛	香港	九广	仁川	伊斯坦布尔
伊斯坦布尔	伊兹密尔	高雄	喀山	哈尔科夫
基辅	北九州	神户	加尔各答	吉隆坡

京都	拉斯维加斯	洛桑	里尔	里斯本
利物浦	马德里	伦敦	伦敦	伦敦
洛杉矶	利昂	马拉加	曼彻斯特	马尼拉
马拉开波	马赛	麦德林	墨尔本	墨西哥城
迈阿密	明尼阿波列斯	明斯克	蒙特雷	蒙特利尔
莫斯科	莫斯科	名古屋	那霸	南京
纽瓦克	新堡	新约克	新约克	诺夫哥罗德
新西伯利亚	大阪	奥斯陆	帕尔马	巴黎
巴黎	帕尔马	费城	费城	匹兹堡
波特兰	波多	阿雷格里	布拉格	平壤
累西腓	雷恩	鲁尔	里约热内卢	罗马
鹿特丹	圣徒路易斯	盐湖	萨尔瓦多	萨尔茨堡

萨马拉	旧金山	旧金山	圣胡安	圣地亚哥
圣保罗	札幌	西雅图	仙台	汉城
塞维利亚	上海	沈阳	深圳	新加坡
索非亚	西班牙	斯德哥尔摩	圣彼得堡	悉尼
悉尼	台北	塔什干	德黑兰	海牙
萨洛尼卡	天津	东京	东京	多伦多
图卢兹	巴伦西亚	巴伦西亚委内瑞拉	瓦尔帕莱索	

5　城市轨道安全篇

地铁作为许多城市的主要交通工具，已逐渐成为市民日常生活不可或缺的一部分。然而，复杂的地下空间、巨大的客流运输使得安全保障成为地铁运营的重中之重。城市轨道交通的运营安全涉及城市各行各业的活动，涉及到千家万户的日常生活，因而直接关系到城市社会经济的发展，有时甚至涉及政治的稳定。可以说，安全是城市轨道交通运营管理的头等大事，运营必须安全，只有安全才能保障运营。“安全第一、预防为主”是城市轨道交通运营中永恒的主题。

5.1 地铁安检:把各种安全隐患扼杀在萌芽里

1995年3月20日上午7时50分,东京地铁内发生了一起震惊全世界的投毒事件。在早上交通高峰时段5名日本奥姆真理教信徒登上地铁,把有报纸包裹的装有"沙林"混合液的尼龙聚乙烯袋子扔到车厢地板上,并将尼龙袋捅破后,随即离开列车。使"沙林"在车厢和车站内散发,破坏受害者的神经系统。东京地铁沙林事件造成12人死亡,约5 500人中毒,1 036人住院治疗,许多人至今依然留有受到毒气袭击的后遗症,包括脑损伤、呼吸困难和情绪沮丧。事件发生的当天,日本政府所在地及国会周围的几条地铁主干线被迫关闭,26个地铁站受影响,东京交通陷入一片混乱(图5.1)。

图5.1　1995年日本首都东京市区3条地铁电车内发生施放神经性毒气"沙林"事件

2003年2月18日上午9时54分至下午1时38分，大邱地铁发生火灾，前后历时3小时26分。火灾事故发生在大邱市中区地铁1号线的中央路车站，起火原因为纵火。据相关报道，大邱地铁火灾造成造成192人死亡、148人受伤，总计伤亡340人。而这次地铁火灾事故造成财产损失47亿韩元，地铁的恢复建设费达到了516亿韩元(图5.2)。

图5.2 大邱地铁火灾事故中被烧毁的列车车厢

2004年2月6日，俄罗斯首都莫斯科市中心地铁列车发生爆炸，造成40人死亡，130余人受伤。据俄罗斯媒体报道，当天早晨8时30分左右，正是上班高峰时间，一列地铁列车行驶到距离汽车厂站大约300米的地方，列车第二节车厢突然发生爆炸，随即引起大火，地铁隧道里浓烟滚滚。地铁运行指挥部接到列车司机报警后不久，便与列车失去联系。该条地铁线被迫停止运营。报道称：爆炸发生前几分钟，曾有一名穿黑色皮大衣30多岁的男子对距离事发现场最近的地铁站值班人员说："你们要过节了。"与这名男子同行的还有两名穿黑衣服的20多岁的女子。3个人的长相均明显带有高加索人的特征。恐怖分子在这起事件中使用的炸药药量相当于5公斤TNT。

由于城市轨道交通作为公共交通的重要工具，乘客日流量达数十万甚至上百万人次。如此高度密集的人群，使得地铁站成为恐怖分子袭击的重要目标。西班牙马德里、俄罗斯莫斯科、英国伦敦等城市的城市轨道交通系统均遭到过恐怖袭击，人员伤亡和经济损失严重。城市轨道交通的安全防范，已引起轨道交通运营单位、政府公安监管部门的高度重视。

为了防范于未然，上海地铁有严格的安检措施。地铁运营严格按照"逢包必检、液体必查"的原则执行。严禁携带进入轨道交通区域的各类易燃易爆、有毒、有放射性、腐蚀性等危险品和违禁品包括汽(柴)油、各类气体钢瓶、各类气雾喷罐、油漆、高浓度酒精、香蕉水、装潢用胶水、烟花、爆竹、管制物品、爆炸物品等。另外，携带宠物和未经全封闭包装的活禽以及充气气球进站乘车也是不允许的(图5.3～图5.5)。

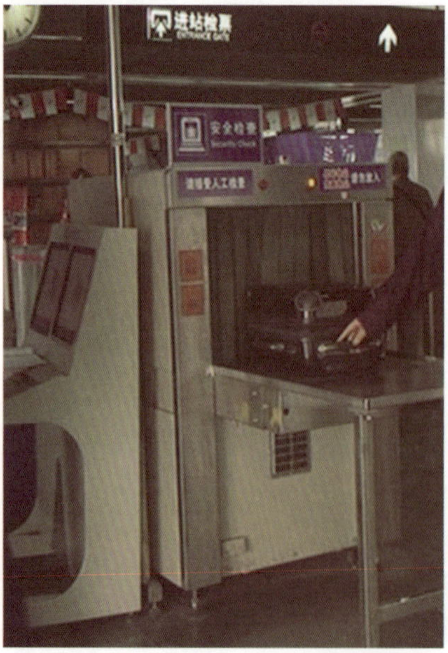

图5.3　地铁安检

图 5.4　地铁内的安全标识

图 5.5　地铁防爆桶

5.2　文明乘车:乘车知识部分

5.2.1　自助售票与人性化服务

在客流量巨大的城市，提高售票效率是轨道交通发展的重要环节。2008 年 1 月，日均进出站客流量达 10 万人次的上海地铁 2 号线南京东路站开始实施无人售票加客服中心的服务模式，以加快地铁单程票售票效率。自此，上海地铁开始全面推行这种自助售票模式(图 5.6)。考虑到部分外地游客初次使用自动售票机的各种疑问，和购票过程中出现的机器故障等问题，上海地铁站内都设置了求助呼叫装置(图 5.7)。乘客按下上面的红色按钮，就可以立刻电话接通地铁站内的值班员，如果乘客需要帮助，工作人员也可以赶到现场，为其提供人性化的服务。

图 5.6　地铁自助售票机

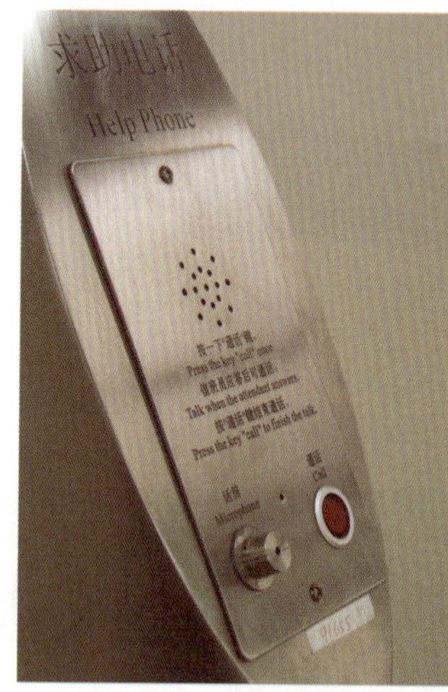

图 5.7　上海地铁紧急求助电话

5.2.2　无障碍服务

上海有多少残疾人？5 万，10 万，还是 20 万？正确答案是：上海残疾人数量约 94.2 万人，占常住人口比例约 5.29%，并呈现老龄化特点。如何维护残疾人合法权益，提高残疾人生活质量，关爱生命、共享阳光？残疾人之所以在公众场合露面不够多，不是不愿意出门，而是因为出行的障碍太多了。而北京、上海的每座地铁站内均设有无障碍电梯，帮助那些行动不便的乘客上下楼。地铁各类无障碍设施包括：直升电梯、升降平台、爬楼车、无障碍卫生间、盲道、出入口坡道、各类无障碍标识。而专为残障乘客提供的个人预约服务则是残障乘客可通过拨打地铁热线告知乘车时间、出行站点等信息，地铁员工和志愿者将为乘客提供“一对一”无障碍接力服务。残障乘客若直接到车站乘车，则可通过设置于车站无障碍设施处的可视对讲设备或招援按钮或公布的车站联系电话等与车站工作人员取得联系。

5.2.3 左行右立的电梯文明

所谓的左行右立，是指在乘坐电梯时，靠右边站立，空出左边的位置，给有急事的人行走，留出一个关心的通道。在高峰时，左边行走，加快流量，提高效率。左行右立虽然只是上海地铁的倡议(并非交通法规)，但它已然成为了上海地铁的城市文明符号。体现了城市的礼仪与风范。

5.2.4 上下车安全

等候列车时，乘客应站在黄色安全线后，列车进站不要探头张望。细心的乘客可能已经发现上海地铁 1 号线漕宝路车站从 2011 年 1 月 13 日起富锦路方向(上行)以及莘庄方向(下行)列车与站台的间隙处分别亮起了一道蓝色 LED 光带。当列车停稳，打开车门的一刹那，柔和醒目的蓝色光带有效提醒乘客注意列车与站台之间的间隙。经过一个多月的投入试用，乘客踏空事件的发生大幅下降。当列车车门的蜂鸣器响起、车门关闭时，请不要强行登车，以免发生危险。严禁擅自打开警示绳或越过安全黄线，进入轨道交通道床、隧道，更不能故意将身体或其他物品挡住车门，警方将依法追究违者责任。乘客的物品如落入轨道，请不要自行捞捡，应寻求车站工作人员的帮助。

5.2.5 线路识别

上海地铁目前一共有 12 条线路，每条线路的列车和站台都有独特的识别色彩，这样做的目的是帮助乘客更好地识别各条地铁线路，以便于乘客的转乘和换乘。

5.2.6 屏蔽门系统

地铁列车在隧道内高速运行时会产生强烈的“活塞”效应，当列车进入站台时会给站台候车的乘客带来被“活塞”风吹吸的危险。装设屏蔽门(图 5.8)后，由于站台与隧道空间有屏蔽门隔离开来，只有当列车停靠站台，并且列车门与屏蔽门完全对正时，屏蔽门才同时打开，从而避免了乘客探头张望和随车奔跑的现象，也避免了候车人员及物品意外跌落站台轨道的危险。另外，屏蔽门上还安装了探测各种障碍物的传感器，一旦有障碍物存在，传感器发出的信息将使屏蔽门再次开闭，这样就有效地减少了车门挟人、挟物的事故。

图 5.8　上海轨道交通 2 号线屏蔽门

由于地下车站和区间隧道是长条形的地下建筑，除车站的出入口、通风亭和隧道洞口与室外沟通外，基本上与大气隔离，因此需要环控系统来保证乘客安全、舒适和设备使用安全。设置全封闭式屏蔽门系统后，车站候车空间与列车运行空间完全隔开，避免了大量空调冷气进入隧道，减少了列车刹车时所散发出的热量进入候车区，并减少站台出入口由于列车活塞作用吸入大量新风所带来的负荷。从而减少了冷量消耗。

另外，列车行驶时会产生噪声。安装全封闭式屏蔽门系统之后，在站台和轨道之间形成了一个隔音屏障，大大降低了地铁候车区域中的噪声，能够降低约20～25分贝。安装半封闭式屏蔽门，也能减少噪声约10分贝～15分贝。同时还可以把活塞风从隧道中带来的垃圾和灰尘拒之于屏蔽门外，使候车区域保持良好的卫生环境。

5.2.7 报警标识

乘客如果遇到人身、财产安全受到威胁的紧急情况时，可通过110报警求助电话及时向警方求助。为及时反映您所在方位，可将重点车站和所在车厢的定位标识告知110接警台。目前，部分重点车站内已设置了报警标识（图5.9），蓝底白字，20厘米×60厘米大小，由2个英文字母和6位阿拉伯数字组成（如：GD123456）。车厢交接处上方有车厢编号，为中文“车厢号”3个字加4位阿拉伯数字。民警将迅速锁定方位，出现在您面前。

图5.9 地铁内的报警标识

5.3 地铁车厢内发生火灾：有条不紊，提高防范

2003年，韩国大邱地铁纵火者仅用几升汽油却造成近200人死亡，正是由于缺乏应急预案，本不应驶入已失火区段的列车继续驶入，造成悲剧。地铁火灾如果发生在隧道区间内，既难疏散也难排烟，短时间内就会导致乘客窒息。对于地铁防火，有关专家建议：一是加强安检，阻止易燃品进站；二是排查烟道、排风等设备，尽可能使用阻燃、无机材料，防止燃烧时毒烟扩散；三是加强应急演习，提升地铁员工应急素质。

2008年奥运会开幕前，上海地铁车站启用新型半透明垃圾桶（图5.10）。这种新型垃圾筒由一个固定在地面的开放式支架和环保型可降解垃圾袋组成。除了环保美观，这种半透明的垃圾桶也将大大方便安保工作的进行。每个垃圾筒都有专人定时进行检查，大大方便了安全保卫工作。

图5.10 上海地铁2号线站内的半透明垃圾桶

(1) 当列车发生火灾等紧急情况需要疏散时

乘客需要做到：

第一，按动地铁车厢的紧急报警或对讲装置及时报告(图 5.11)；

图 5.11　车厢内的紧急呼叫按钮

第二，用车厢内的灭火器进行扑火自救(图 5.12)；

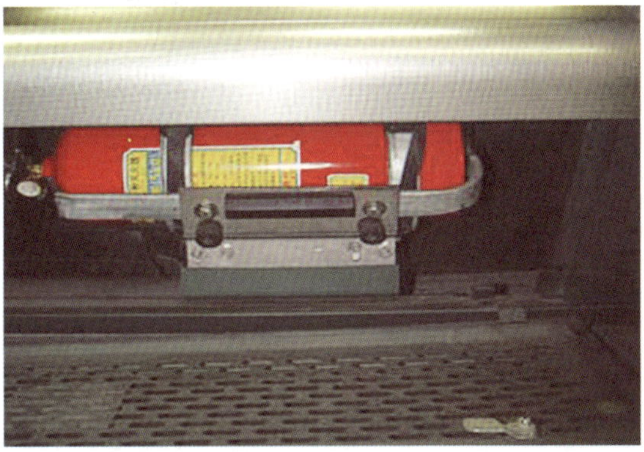

图 5.12　灭火器

第三，如果火势蔓延，扩张趋势明显，乘客无法灭火自救，这时应该保护自己，先行疏散到安全车厢，疏散时让老、弱、妇、幼先行。

一般情况下，列车会行驶到就近的车站进行疏散，列车行驶至车站时，从已经打开的车门疏散到站台，听从车站工作人员统一指挥，沿着正确逃生方向进行疏散。如果车门和屏蔽门没有打开，就利用车门紧急开门装置和屏蔽门手动解锁装置打开车门和屏蔽门，并听从工作人员的安排，尽快地进行疏散。

(2) 当车站内发生火灾时，乘客要做到以下五点：

第一，及时报告。利用车站站台墙上的火警手动报警器(图5.13)，或直接报告地铁车站工作人员，以便车站工作人员及时采取相关措施进行处理。

图 5.13 紧急报警器

第二，尽可能找到建议防护，可用毛巾、口罩蒙蔽，最好是湿的。在有浓烟的情况下，采用低姿势撤离，贴近地面逃离时避免烟气吸入的最佳方法。视线不清时，手摸墙壁徐徐撤离。

第三，紧急情况下要保持镇定。不能盲目乱跑，要听从工作人员的指挥或广播指引，迎着新鲜空气跑。身上若着火，千万不要奔跑，可就地打滚或用厚重的衣物压灭火苗。

第四，遇火灾不可乘坐车站的垂直电梯。

第五，不要贪恋财物。不要因为顾及贵重物品而浪费宝贵的逃生时间。

(3) 当地铁车厢内发生有毒物质泄露时：服从安排，做好自救。

曾经的日本东京沙林毒气事件，可谓是震惊全世界。因此，我们要特别留意发生毒气泄漏时的防护方法。确认地铁发生毒气泄露事故时，应利用随身携带的手帕、餐巾纸、衣物等用品堵住口鼻，遮住裸露皮肤，如果手头有水或饮料，应将手帕、餐巾纸、衣物等用品浸湿使用。接着，判断毒源。应该迅速朝着远离毒源的方向逃跑。有序转移到空气流通处或者到毒源上风口处躲避。到达安全地点后，迅速用流动水清洗身体裸露部分。

在 2004 年 2 月 6 日的莫斯科地铁炸弹袭击事件中，车厢内未受伤的乘客立即通过对话装置向列车司机报告，乘客发现烟雾后立即用手边的东西护住口鼻，以防吸入毒气发生中毒；当确定可以安全离开车厢时，青壮年乘客帮助妇女和儿童下车，搀扶或抬着行动困难的乘客离开现场，从而最大限度地降低人员的伤亡。

所有轨道交通车站的每个出入口都至少安排了 2 名安检人员，每个车站的反恐应急装备均配备到位，包括防毒面罩、防爆桶等。轨道交通车站和车厢内均配有视频安防系统、紧急报警装置，发生突发事件时能立即连通控制中心。同时，按照 2007 年公布的上海轨道交通安全技术防范系统标准，在轨道交通出入口的放射性物品探测系统、毒气探测系统等安全设施将进行 24 小时连续探测，一旦发现问题，10 秒钟内予以警报。在轨道交通运营控制室，装备人脸识别装置和生物识别装置，通过比对虹膜、掌纹、指纹等信息监管人员出入。

若在车厢内遇到不明烟雾，要做到以下几点：

第一，切勿惊慌失措、盲目呼喊；

第二，可用湿毛巾或湿纸巾捂住口鼻；

第三，采取弯腰匍匐等低位姿势逃生，并保持镇定；

第四，服从车站工作人员的管理指挥，按照导向标识迅速撤离现场；

第五，转移到安全地区后，应积极主动就医。

（4）当遇到运营安全事故时：服从工作人员安排，有序疏散。

由于地铁人流量巨大、空间狭小，一旦发生挤压踩踏事件，可能难以控制局面。在遇到运营安全事故时，我们要严格服从运营工作人员的疏导，因为运营企业都做了详细的预案，进一步细化了各站人流行走路线，杜绝客流流向冲突的情况，同时还做好了应急准备，增设巡查人员，对易引起骚乱的人员和因素及时控制。我们要做到进出站分流，全面按照各站所推广的客流方向（沿顺时针方向）有序流动的方案，有序疏散和撤离。当发生意外时，请根据车站内工作人员引导，按照车站内指示牌指示的方向快速撤离（图 5.14）。遇到浓雾或不明气体，应用湿纸巾或毛巾捂住口鼻，低姿势逃生。遇到各类灾害事故不要惊慌，应冷静应对，快速撤离，切勿因小失大。

图 5.14　紧急疏散标识

（5）如果列车在隧道内无法运行，需要在隧道内疏散乘客时。

乘客要密切留意礼车上的广播，切不可慌乱，并要在司机的指引下，沉着冷静，有序进行疏散。到达车站后要听从工作人员及车站广播指引，沿着各种紧急疏散标识快速有序地进行疏散。遇到突发情况时，要听从指挥，有序从车头或车尾逃生通道向站台方向逃生。

夜间停电时候的疏散要做到以下几点：

第一，乘客需要保持镇定，耐心等待救援人员到来并按照救援人员的指挥及疏散指示迅速撤离；

第二，依据工作人员指示，从列车某一端的紧急门疏散或从打开的车门走上疏散平台进行疏散；

第三，注意照顾小孩、老人及伤残人士；

第四，沿紧急疏散通道进入线路或从疏散平台疏散时，穿高跟鞋的乘客需脱鞋以免摔伤或扭伤；

第五，在疏散过程中，要注意脚下异物以免摔伤或被障碍物碰伤；利用疏散平台疏散时，不要拥挤，切勿擅自跳下轨道以防触电；

第六，请在指定线路上行走，不可走到其它线路上或隧道上；

第七，一切行动都听从工作人员的指挥。

5.4 紧急制动闸：何时需要紧急制动？

2011 年 3 月 4 日、2 月 24 日、2 月 21 日，上海轨道 8 号线、1 号线地铁列车乘客分别以忘记下车、胸闷不适、衣服被卡在车门里等理由擅自拉下紧急制动闸，导致早高峰时段列车晚点、延误，造成大量乘客出行受阻、工作受扰。

2010 年 7 月 5 日，上海轨道 2 号线中山公园站，一名女乘客手腕被夹车门内并被列车拖行致死，女子被夹住至列车开行 10 多秒，此时只要有一名乘客扳动车门边紧急制动闸便能拯救她的性命，可惜的是，这名女乘客没有得到被抢救的黄金机会。事发后，在上海轨道交通论坛上，声讨紧急制动装置未发挥作用的声音络绎不绝："车里的人就傻看着，直到列车启动手也没拔出。这个过程持续了十几秒，这么长的时间，这么多人，竟没一人砸碎塑料片，拉下制动阀?!"而辩解的声音似乎也有道理："到底什么是紧急情况没有说清

楚，谁知道拉了以后，最后到底是立功了还是要被处罚?”（图 5.15、5.16）

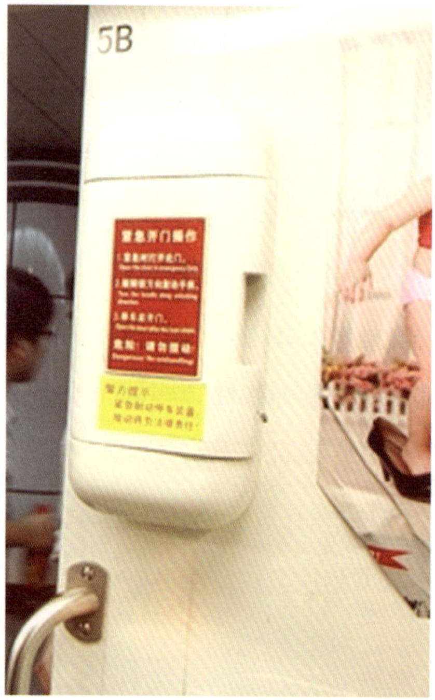

图 5. 15　列车车门边的紧急制动装置

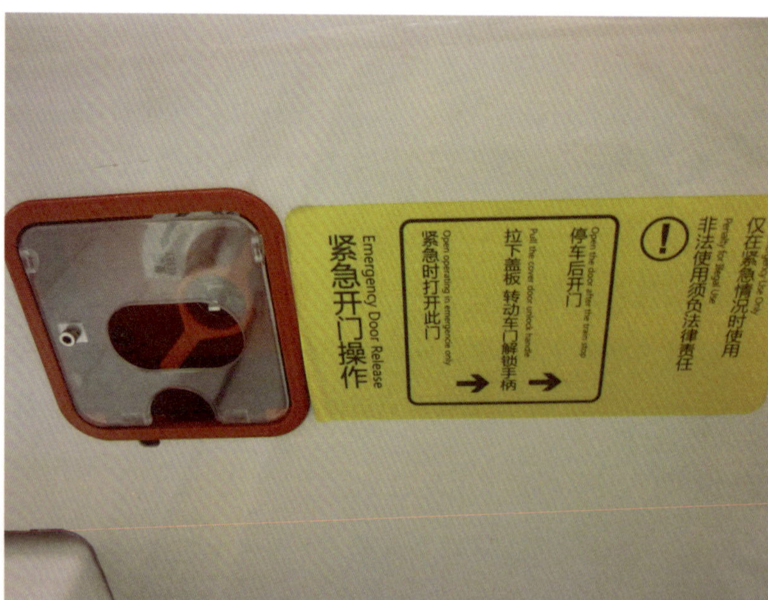

图 5. 16　紧急开门操作

地铁紧急制动闸，伴随着上海地铁运行 16 年时间(上海第一条地铁线 1 号线一期 1995 年 7 月正式运营)，一直处于“被误拉”和“不敢拉”的尴尬中。事实上，乘客对于什么是紧急情况确实概念模糊，由于紧急制动适用范围一直没有明确标示，又缺乏相关监管，地铁近年来发生多次因各种理由擅自拉下紧急制动开关导致地铁运营秩序受到严重影响的事故。而地铁运营方没有加强普及安全意识的宣传教育、没有对紧急制动开关进行细致的管理也有一定的影响。

5.4.1 何谓紧急情况，何时需要拉紧急制动闸?

“紧急制动停车装置，擅动将负法律责任!”这是地铁车厢里紧急制动装置给乘客的唯一提示，什么情况下拉动是擅动，什么情况下拉动不是擅动? 你知道吗?

地铁运营方强调，只有在发生以下两种情况下才能拉紧急制动：

(1) 列车关门启动时：发生夹人等紧急状况，而列车仍未驶离站台，此时拉下紧急拉手，使列车迫停于站台，争取到处理的空间和时间。

(2) 当列车在区间运行时：发生火灾、爆炸、地震等重大不可预见的灾难性事件，严重危及乘客人身安全，可能造成人员伤亡的时刻，且列车失电无动力状态下，需乘客进行自救时，拉下紧急拉手，可打开车门进行逃生。

但事实上，现实生活中“紧急情况”往往有很多种可能，即使是同一类事件，也可能需要完全不同的处置方式。一位地铁站的工作人员说：“比如说火灾，就有几种情况，不能一概而论都拉闸。如果是列车车厢起火，车子失去动力，那就要拉下来，扒开车门在工作人员引导下逃生；但如果是车厢内有东西起火，就应该让车辆行驶到站台,靠站台处置。要不然,乘客在隧道里拉了闸,前不着村后不着店,反而不利于救火。"

5.4.2 何种紧急情况不能拉闸?

地铁运营管理方表示,列车每节车厢的紧急拉手一旦被拉下,列车车轮就自动被抱死,在拉手复位前无法再启动,因此当列车发生故障或遇紧急事件时,"列车停靠站台"是所有导向安全的运营处置的首要原则。除以上小概率事件外,其他状况在区间内拉紧急拉手反而会贻误事件处理时机,延长受影响时间。

如果有乘客突然生病:看护好病人,待列车运行至下一站时,再寻求站台工作人员,这样更有利于车站对病人施行救助。

部分地铁列车上已经有了相关的宣传措施,例如,在地铁 10 号线的车厢内醒目位置,就贴有这样的字句:"如有身体不适,请在下一站寻求车站工作人员协助(图 5.17)。"据地铁运管方介绍,这些招贴早在 10 号线运行之初便已贴上,以后可能会推广到全线。

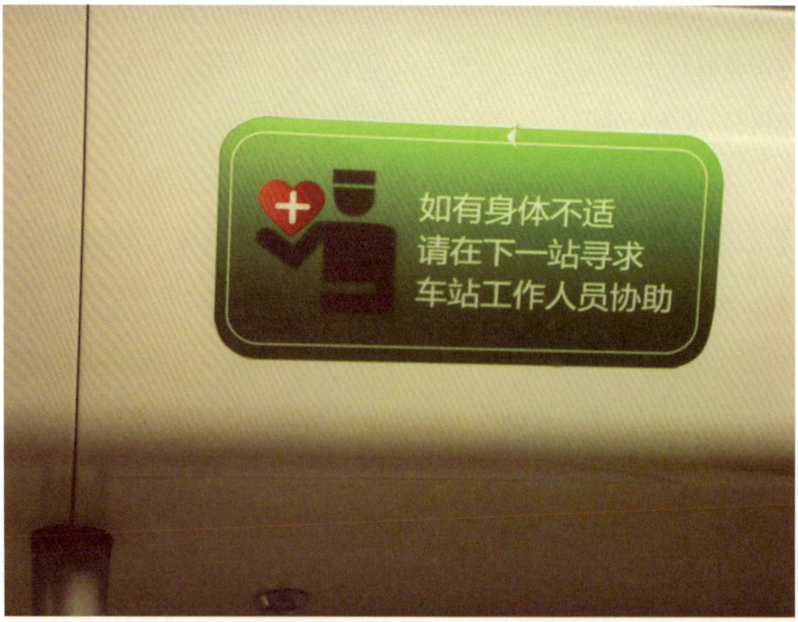

图 5.17 地铁内的提醒标识

如果重要物品遗落站台：列车已经开动，最好立即拨打地铁服务热线电话：64370000，由服务人员迅速通知所在站台的工作人员将重要物品暂为保管。

6 城市轨道的未来篇

未来的轨道交通会完美地将高科技和服务人性化紧密联系在一起，将创意思维和工程创造紧密联系在一起。

从城市到乡村，从地下隧道到空中都市，从大洋此岸到彼岸，遍布地球上每一个有人类足迹的角落，未来的轨道交通将为人们创造快捷、环保、舒适、低成本、高效率的新生活而服务。

6.1 空气动力悬浮列车

日本东北大学工程系流体科学研究所的科学家(小滨泰昭教授)研究的飞行式悬浮列车行车(Areotrain)(图 6.1)速度为新干线的两倍,时速可达 500 公里。这个名称叫做"Aero Train"的未来列车通过车身两侧的螺旋桨为列车加速,"翅膀"所生成的"升力"会使列车飘浮起来。同时,"翅膀"和地面之间的空气高速流动,形成被称为"地面效果"的推斥力。由于"升力"和"地面效果",便产生了浮于地面 10 厘米的"气垫",使得超高速的飘浮行车成为可能。而令人震惊的是,由于有效利用了"升力"及"地面效果",消耗功率比起新干线,要少很多。能源仅仅采用"guide way"的专用路线所设置的太阳电池面板,和风力发电,可谓 100%自然能源。

图 6.1　小滨泰昭教授研究的飞行式悬浮列车

6.2 个人快速运输系统

个人快速运输系统(Personal Rapid Transit,简称 PRT)也称个人捷运系统,旨在提供按需、不间断的运输,一般被用于城市公共交通。它的特点是:直接把乘客从起点运送到目的地,中间不需要转乘,也不在中间站停下;为个人或者一小组碰巧凑在一起的人提供专有的小型车;按照用户需求提供服务,而不是按照预定好的方案;全天 24 小时,一周 7 天不间断运行,全自动(无人驾驶);车辆依附在其专有使用的轨道上;小型(窄而轻)的轨道通常高于地面,但也可能在地面或在地下;车辆能够在一个完全联通的个人快速公交轨道网络上使用所有的轨道和站台。

目前世界上已经营运中的 PRT 系统分别位于美国西维珍尼亚州摩根敦的西维珍尼亚大学(Morgantown)、英国伦敦希斯路机场(Heathrow)以及阿联酋马斯达尔城(Masdar),还有更多的在规划阶段。

表 6.1 目前已经运营和部分在筹建中的的 PRT

位置	状态	系统	营运日期	导轨长度	站数/车厢	特点
美国西维珍尼亚州摩根敦	营运中	WVU PRT	1975 年	13.2 公里	5/ 73	最多每车厢 20 名乘客,在低用量时间时并非以点到点运行
阿联酋阿布扎比马斯达尔市	营运中(原型系统)	2getthere	2011 年	路面建有磁铁,自动驾驶	5/13	汽车将会被禁止,唯一的动力交通将会是 PRT(除了城际轻轨外)。
英国伦敦希斯路机场	营运中	ULTra	2011 年	3.8 公里	3/21	目前初步连接 5 号客运大楼至远处的停车场。如果试验成功,BAA 计划扩大它到整个机场。
韩国顺天市	计划中	Vectus	2013 年	5 公里	? / 40	将连接顺天到未来国际园艺节的园区
英国北安普敦郡达文特里	建议中	T. B. D.		4.9 公里	5/25	网络最终希望扩大至 55.3 公里(34.4 英里)的轨道及 500 个车厢。

6.2.1 摩根敦个人快速公交系统

PRT 的想法早在 1962 年时由 Robert J. Bartells 提出。1975 年在波音公司的资助下，西弗吉尼亚大学建造了一条 8 公里长的轨道，21 个座位的车厢，导轨穿过陡峭的峡谷连接原先由 16 辆穿梭大巴联系的校区，虽然在技术上更倾向于独轨交通，但这是对 PRT 概念进行的最早实践，目前仍然在正常运行，高峰时每天运送旅客人数达到 3 万人。这就是摩根敦个人快速公交（英语：Morgantown Personal Rapid Transit，又称“西弗吉尼亚大学个人快速公交”，缩写为 WVU PRT）（图 6.2）。

为了连接西弗吉尼亚大学的几个互不相连的校区，该系统在校内设计了 5 个车站：核桃（Walnut）、比卡斯特（Beechurst）、工学院（Engineering）、大楼（Towers）、医学院（Medical），并铺设了 8.65 英里（13.9 公里）长的轨道。当车辆抵达车站时，系统会自动选择是否要跳站、越站、或者进入车站停靠。

图 6.2 西弗吉尼亚大学的摩根敦个人快速公交 摄影：Jae69376

该系统拥有 73 列车辆，状若小型公交车。每列车长 15 英尺 6

英寸(472 厘米),高 8 英尺 9 英寸(267 厘米),宽 6 英尺 8 英寸(203 厘米),重 8 760 磅(3.97 公吨),由 70 马力(52 千瓦)的马达驱动,可以达到时速 30 英里/小时(50 公里/小时)。

该系统修建的主要目的是运送学生,所以学生不上课的时候系统就会停运。该系统有三种运营模式:按需、预定、循环。其中,前两种模式在高峰期使用,后一种在平峰使用。而“按需”模式则是个人快速公交系统特有的运营模式。在这种模式下,当有乘客按下召唤按钮时,系统就开始计时,一般如果超过五分钟,就算没有其他乘客,还是会有一辆列车开往该乘客所处车站供其搭乘。而当超过 15 个人要同时前往一个目的地时,另外一辆列车也会启动,以便运送更多的乘客。列车启动后会直达乘客要去的目的地,中途各站不作停留。在预定模式下,列车会按照客流规律,在特定的路线下按照预定的频次运送乘客。在循环模式下,列车会每站都停。图 6.3 为摩根敦个人快速公交系统的车辆在运行中。

图 6.3 摩根敦个人快速公交系统的车辆运行中 摄影:Michlaovic

6.2.2 阿联酋马斯达尔市个人快速公交系统

阿布扎比郊外正在建设中的未来之城马斯达尔(Masdar),将是世界上第一座零排放城镇。按照规划,在那里,所有的燃油汽车都必须停放在城外的停车场,人们需要换乘一种叫 PRT(图 6.4)的小型电动交通工具进入城内。这种形似豆荚的电动车分布在城市地下的各个车站,能够自动沿着固定轨道高速行驶,人们登车后在车内的显示屏上选择目的地就可以快速到达城中的各个角落。不过,目前由于成本因素,原来规划遍布全城的 PRT 交通系统也在不久前被确定调整为马斯达尔学院的内部试点项目。在学院之外,马斯达尔城的运营团队正在寻找更便宜的电动汽车技术和交通系统。

图 6.4　阿联酋马斯达尔市 PRT (2getthere)　摄影:Jan Seifert

6.2.3 英国伦敦希斯路机场个人快速公交系统

2011 年夏天,英国伦敦希斯罗机场在外围停车场和航站楼间启用了革命性的无人驾驶运输线路 ULTra PRT(图 6.5)。

ULTra 的搭乘车是普通汽车大小,每部车子可乘坐 4 人,它们的时速可达25英里，而且会沿着其自己的狭长道路系统行使。电力驱动的ULTra从停车场至航站楼只需要5分钟。希斯罗机场的运营公司BAA表示，未来提前实现的ULTra节省了乘客60%的时间和40%的运营成本。

这种形状似气泡的出租车依靠电池产生动力，而且乘客可以通过触摸屏来选择他们的目的地。一旦乘客选择好了目的地，控制系统会记录下要求，并向舱车发送一条信息，随后舱车会遵循一条电子传感路径前进。在旅程期间，如果需要的话，乘客可以按下一个按钮和控制台的工作人员通话。到站后，ULTra停止并离线，也就是说将会拖到一旁，以便其他ULTra车通行。车内可以容纳6人，因此ULTra车通过固定的双车道让乘客迅速下车。

图6.5　英国伦敦希斯路机场PRT(ULTra)系统　摄影:Moshrunners

6.3　管道运输系统

1. 管道运输系统的最早尝试

发明家比奇・艾尔弗雷德・伊利(Alfred Ely Beach)于1869年

设计出了被称为比奇气动地铁车(Beach Pneumatic Transit)(图6.6)的测试车型。这种地铁车采用风扇产生的压力作为推力(图6.7),推动列车在管道内前进或返回。

图 6.6　1 867 年比奇·艾尔弗雷德·伊利(Alfred Ely Beach)的实验气动地铁

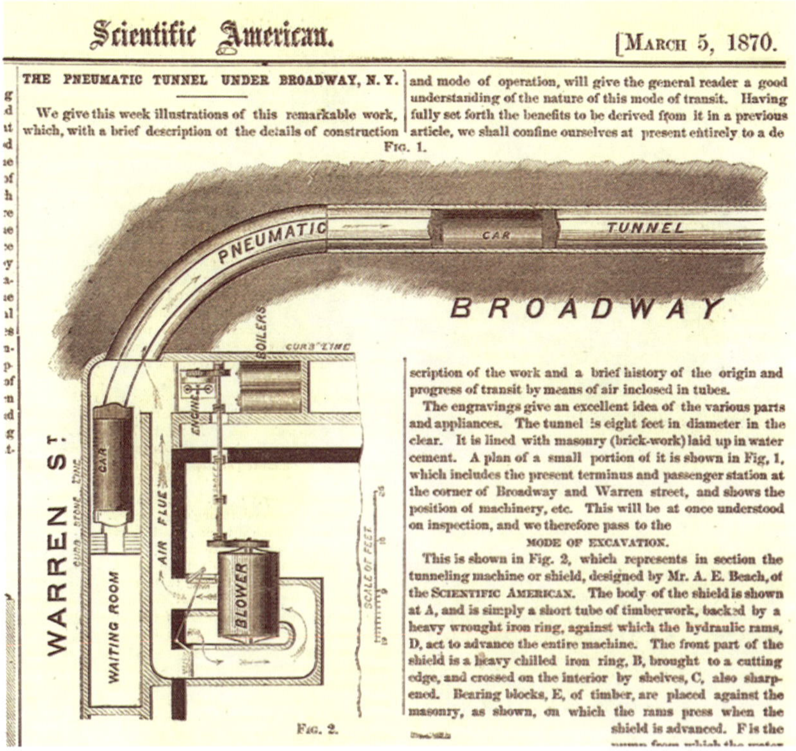

Scientific American. [MARCH 5, 1870.

THE PNEUMATIC TUNNEL UNDER BROADWAY, N. Y.

We give this week illustrations of this remarkable work, which, with a brief description of the details of construction and mode of operation, will give the general reader a good understanding of the nature of this mode of transit. Having fully set forth the benefits to be derived from it in a previous article, we shall confine ourselves at present entirely to a description of the work and a brief history of the origin and progress of transit by means of air inclosed in tubes.

FIG. 1.

FIG. 2.

The engravings give an excellent idea of the various parts and appliances. The tunnel is eight feet in diameter in the clear. It is lined with masonry (brick-work) laid up in water cement. A plan of a small portion of it is shown in Fig. 1, which includes the present terminus and passenger station at the corner of Broadway and Warren street, and shows the position of machinery, etc. This will be at once understood on inspection, and we therefore pass to the

MODE OF EXCAVATION.

This is shown in Fig. 2, which represents in section the tunneling machine or shield, designed by Mr. A. E. Beach, of the SCIENTIFIC AMERICAN. The body of the shield is shown at A, and is simply a short tube of timberwork, backed by a heavy wrought iron ring, against which the hydraulic rams, D, act to advance the entire machine. The front part of the shield is a heavy chilled iron ring, B, brought to a cutting edge, and crossed on the interior by shelves, C, also sharpened. Bearing blocks, E, of timber, are placed against the masonry, as shown, on which the rams press when the shield is advanced. F is the

图 6.7　比奇气动地铁的设计原理

1870 年，比奇曾在纽约市百老汇大街下建造了一个气动地下铁道实物，全长 312 英尺(约 95 米)，但该成果很快让位于政府主导的高架铁路以及新兴的电力地铁，最终以失败告终。

2. 真空磁悬浮管道运输系统

不管是普通列车还是高速列车，它们的运行方式都属于轮轨系统。在大气环境下由于受制于能耗、噪声等因素的影响，列车实际行驶时速通常不超过 400 公里。为了打造时速更高的列车，发明家们提出了管道运输的概念(图 6.8)。其技术原理是建造一条与外部空气隔绝的管道，在其中运行列车。早在 1904 年美国学者罗伯特・戈达德就已提出设想，并在 1924 年在《科技新时代》杂志发表一篇文章“我的火箭如何可以在真空中推进”，他解释相关物理理论并公开实验来证明理论的详细信息。但真正变成项目研究的却屈指可数，主要在瑞士、美国和中国。瑞士科学家提出的真空隧道磁悬浮列车概念，曾赢得政府资助，而在美国和中国基本处于民间研究阶段。

图 6.8　1974 年的一幅真空管道列车概念图

1972 年,美国兰德公司(Rand Corporation)的物理学家索尔特(Robert M. Salter)发表论文,详细描述了一套构想的"地下铁路系统"(Vactrain High Speed Transit,简称 VHST)(图 6.9)并获得专利,这套系统需要在特定的通道内修建电磁悬浮轨道,并能够在短短 21 分钟的时间内,将人们从洛杉矶市送往纽约市。

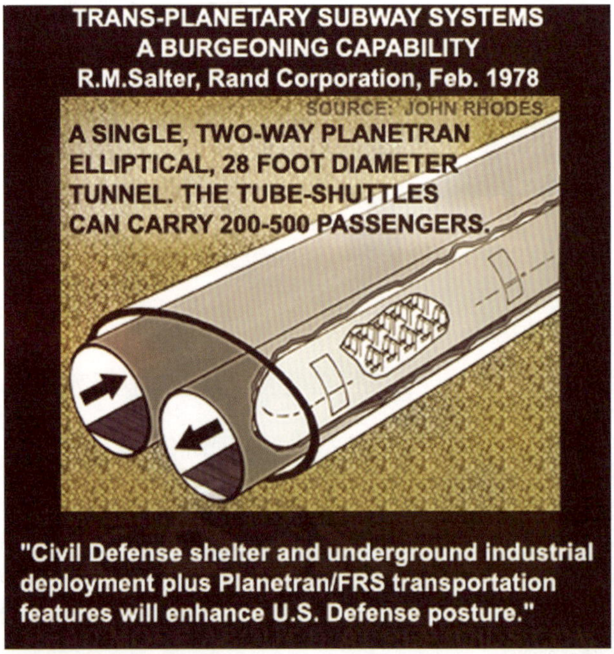

图 6.9　索尔特(Robert M. Salter)的磁悬浮设计图

2013 年 8 月,有着"科技狂人"之称的美国电动汽车公司 Tesla CEO 艾伦·马斯克(Elon Musk)公布了"超级回路(Hyperloop)"初始设计方案。根据方案,"超级高铁"从洛杉矶行驶至旧金山仅需 30 分钟左右,时间仅为飞机的一半。根据设计,"超级高铁"系统使用巨大、近乎真空的管道把主要城市相连接。在管道内部,车厢悬浮于空中,时速可达 1 126 公里。车厢在起点被弹射出去,因磁力一路前行,途中不会像飞机那样遭遇气流颠簸。马斯克说,这个系统不会崩溃也很安全,对各种复杂天气免疫。它的速度会比子弹头列车

快三四倍，也可以达到两倍于飞机的速度。同时，它将能够自己补充能量，在系统中装上太阳能电板后，获得的能量将超过整个系统消耗的能量。并且，该系统还有存储能量的设施，在不使用电池板的情况下，能够行驶一周时间。据称，马斯克兴起开展这个项目的原因，或许就是他认为美国加利福尼亚州的高铁就是个废物，这条高铁是世界上最慢最贵的。